Kita-Praxis: Bildung
Sprache und Verständigung
Wilfried Berghoff (Hrsg.)

Irene Yates

Sprache und Verständigung:

hören

sehen

sprechen

3-6 Jahre

Titel der englischen Originalausgabe:
Irene Yates: Foundation Blocks. Communication, Language and Literacy. Brilliant
Publications, GB. © Irene Yates, 2003

Übersetzung aus dem Englischen:
Regina Erich, Stonehaven, GB

Herausgeber der deutschen Ausgabe:
Wilfried Berghoff unterrichtet an der Fachhochschule für Sozialpädagogik des
Berufskollegs Vera Beckers in Krefeld. Er ist Autor von Fachbüchern zum Thema
Sprachförderung und interkulturelles Lernen.

Die in diesem Werk angegebenen Internetadressen haben wir überprüft
(Redaktionsschluss 31. 10. 2006). Dennoch können wir nicht ausschließen, dass unter
einer solchen Adresse inzwischen ein ganz anderer Inhalt angeboten wird.

Quellen: S. 174: Tanzlied der Tiere und S. 175: Das Flummilied, aus: Buch, CD und MC
„Und weiter geht's im Sauseschritt", © MenschenkinderVerlag, 48157 Münster;
S. 176: Wenn ich glücklich bin, © Aktive Musik-Verlag, Dortmund

 http://www.cornelsen.de

Bibliografische Information
Die Deutsche Bibliothek verzeichnet diese Publikation in der
Deutschen Nationalbibliografie; detaillierte bibliografische Daten
sind im Internet über http://dnb.ddb.de abrufbar.

Dieser Band folgt den Regeln der deutschen Rechtschreibung,
die seit August 2006 gelten.

4.   3.   2.   1.   Die letzten Ziffern bezeichnen
10   09   08   07   Zahl und Jahr der Auflage.

Redaktion: lüra – Klemt & Mues GbR, Wuppertal
Illustrationen: Kirsty Brown, Christiane Pieper
Umschlaggestaltung und Layout: Magdalene Krumbeck, Wuppertal
Satz: stallmeister publishing, Wuppertal
Druck und Bindearbeiten: Westermann Druck Zwickau GmbH
Printed in Germany
ISBN 978-3-589-22243-8

 Gedruckt auf chlorfrei gebleichtem Papier
ohne Dioxinbelastung der Gewässer.

Inhalt

Sprache und Verständigung

Inhalt

Inhalt

Vorwort zur deutschen Ausgabe

Der vorliegende Band ist Teil der Reihe „Kita-Praxis: Bildung". Die insgesamt sieben Bände der Reihe begleiten Sie bei der Bildungsarbeit in Tageseinrichtungen für Kinder. Das Wort „begleiten" ist bewusst gewählt. Die Formulierung „Kita-Praxis" macht deutlich, dass alle Angebote dieser Reihe aus der täglichen Arbeit der Kindertagesstätten erwachsen sind und an die Erfahrungen von Erzieherinnen anknüpfen. Der Aspekt der *Bildung* ist in den Tageseinrichtungen für Kinder kein Novum, ist er doch bereits seit Jahren ein wesentliches Anliegen von Erzieherinnen und zudem in den Gesetzen verankert, die die Aufgaben der Tageseinrichtungen umreißen.

Neu an dieser Reihe ist die Systematisierung des Bildungsprozesses: Die ursprünglich in Großbritannien entwickelten pädagogischen Angebote in diesem Buch wurden mit Blick auf die verschiedenen Bildungspläne der Bundesländer Schritt für Schritt aufgebaut. Sie erleichtern dadurch auch die geforderte Dokumentation des Bildungsprozesses

In einer Zeit des Umbruchs, in der Erzieherinnen sich mit immer stärker verändernden Lebenswelten, Familienstrukturen und sozialen Rahmenbedingungen und daran geknüpften Erwartungen bei der Betreuung, Erziehung und Bildung konfrontiert sehen, sind strukturierte Vorgaben, Hilfestellungen, Handreichungen und dergleichen unumgänglich geworden. Zieht man die Ergebnisse der PISA-Studien heran und schaut sich in den erfolgreicheren Ländern um, so sind die Ergebnisse dort am besten, wo neueste pädagogische, psychologische und neurologische Erkenntnisse genutzt und miteinander verknüpft worden sind.

Bezogen auf die Arbeit mit Kindern, auf das Grundlegen von Bildung, trifft ein Bonmot des österreichischen Komponisten Anton Bruckner den Kern – es beschreibt, was verantwortbare Elementarbildung ausmacht:

„Wer hohe Türme bauen will, muss lange beim Fundament verweilen."

Diesem Grundsatz folgt auch die Anlage dieser systematisch angelegten Reihe, die in Großbritannien seit Jahren mit Erfolg eingesetzt wird und die auch die in Deutschland als richtig erkannten Kompetenzbereiche kindlichen Lernens berücksichtigt: Mathematik, Natur und Umwelt, Kreativität, Sprache und Verständigung, Körper und Bewegung, Soziales Lernen sowie die Sprachförderung. Die Reihe verfolgt das Ziel, Orientierung zu bieten, die Bildungsprozesse im Alltag zu erleichtern und auf leicht verständliche Weise eine kontinuierliche Weiterentwicklung zu gewährleisten.

Die Vielfalt der angebotenen Aktivitäten soll es den Kindern über die Aneignung von Wissen und Fertigkeiten hinaus ermöglichen, Selbstbewusstsein, Eigenständigkeit und damit auf das Engste verbunden auch eine eigene Identität zu entwickeln.

Hierzu – und dies zeigen die genannten Kompetenzbereiche – ist ein Lernen mit allen Sinnen unabdingbar. Darüber hinaus orientieren sich die in den einzelnen Bänden angebotenen Aktivitäten an der Erlebniswelt der Kinder und folgen dabei aufeinander aufbauenden Prinzipien, beispielsweise vom Leichten zum Schweren oder vom Einfachen zum Zusammengesetzten. Außerdem eröffnen sie neue Horizonte, indem sie ausgehend vom Alltag der Kinder in andere – frühere – Zeiten, entfernte Kulturen, fremde Denkweisen führen.

Die Offenheit der Gestaltung durch unterschiedliche mediale Zugänge, erweiterte Angebote und Hinweise auf ähnliche Aktivitäten gewährleistet größtmögliche Freiheit für die Erzieherinnen *und* die Kinder, bietet aber auch die Möglichkeit, zum Beispiel die Eltern mit „ins Boot" zu holen. So könnte unter anderem auf diese Weise neben der immer schon bestehenden Erziehungspartnerschaft zwischen Kindertagesstätte und Elternhaus auch eine Bildungspartnerschaft initiiert werden.

Die in jedem Band angelegten Kompetenz-Raster bieten die Möglichkeit, gegebene Lücken in einzelnen Bereichen wahrzunehmen und gezielt anhand des Kapitels und des Schwierigkeitsgrades passende Aktivitäten für einzelne Kinder oder Kleingruppen oder für alle Kinder auszusuchen. Unabhängig von der in den Bänden angegebenen Reihenfolge sind die einzelnen Spiel- und Übungsformen vielfältig kombinierbar, auch über den jeweiligen Band hinaus. Die übereinstimmende Einteilung in alltägliche Themenbereiche erleichtert die Orientierung. Nicht zuletzt können die Kompetenz-Raster aber auch hilfreich für die Dokumentation individueller Bildungsprozesse sein, da die angestrebten Kompetenzen klar beschreiben.
Abschließend sei noch einmal der Hinweis auf das oben genannte Zitat erlaubt: Die Reihe „Kita-Praxis: Bildung" will helfen, das Fundament, das heißt die Entwicklungspotenziale der Kinder, möglichst breit und intensiv zu fördern, damit diese später vielseitig ausgeschöpft und die „Türme" der Bildung möglichst hoch gebaut werden können.

Wilfried Berghoff

Einführung

Der vorliegende Band enthält mehr als 130 unterschiedliche Lern- und Spielangebote. Sie knüpfen an die alltägliche Erfahrungswelt von Kindern im Vorschulalter an und fördern die sprachliche Entwicklung.

Alle Aktivitäten in diesem Band sind so angelegt, dass die Kinder vorhandene Fähigkeiten anwenden und neue einüben und erproben können. Zudem sind sie geeignet, Voraussetzungen für den Erwerb künftiger sprachlicher Kompetenzen zu schaffen. Sprachliche Entwicklung vollzieht sich in vier Bereichen:

▶ Zuhören (rezeptiv),

▶ Sprechen (aktiv),

▶ Lesen (rezeptiv) und

▶ Schreiben (aktiv).

„Lesen" und „Schreiben" sind Lernbereiche, die erst in der Grundschule voll entfaltet werden. Aufgabe der Kindertageseinrichtungen ist es, Grundlagen für die so genannte *emerging literacy* zu legen. Damit Kinder sich der Schriftsprache erfolgreich nähern, müssen sie bereits in jungen Jahren an die Welt der Bücher herangeführt werden.

Alle Bereiche sprachlicher Kommunikation korrespondieren miteinander und entwickeln sich ein Leben lang weiter. Warum, liegt auf der Hand: Uns erfolgreich zu verständigen lernen wir durch praktisches Handeln und kontinuierliche Anwendung – nicht durch abstraktes Wissen.

Um sich zu kompetenten Zuhörern zu entwickeln, benötigen Kinder möglichst vielseitige Erfahrungsfelder. Dazu gehören strukturierte Situationen (zum Beispiel einem Erwachsenen beim Vorlesen zuhören), hochkomplexe Situationen (zum Beispiel anderen Kindern im Sitzkreis zuhören) und offene Situationen (zum Beispiel mit anderen Kindern/ Erwachsenen spielen oder sich etwas erzählen). Während Kinder zuhören, nutzen sie ihre kognitiven Fähigkeiten (Denken, Verstehen).

Nachdenken und Verstehen entwickeln sich nicht simultan mit sprachlichen Kompetenzen. Kinder im Vorschulalter scheuen oft davor zurück, ihre Gedanken in Worte zu fassen – sie fürchten „Fehler" zu machen oder ausgelacht zu werden. Das soziale Klima der Gruppe sollte daher Sicherheit und Akzeptanz vermitteln, damit Kinder diese Scheu überwinden und sich sprachlich erproben können. Im Vorschulalter gelten für die Entwicklung sprachlicher Fähigkeiten keine Kriterien wie „richtig" oder „falsch"; maßgebend ist der individuelle Entwicklungsstand. Ein Kind, das versucht, ein neues Wort auszusprechen, braucht behutsame Hilfestellung und Bestätigung. Ein Wort, das wiederholt in sinnvollem Zusammenhang angewendet wird, geht in den aktiven Wortschatz über.

Sprachliche Fertigkeiten und Fähigkeiten entstehen nicht isoliert. Ihr Erwerb ist immer gekoppelt an einen Inhalt beziehungsweise Zweck und an eine innere Einstellung oder Haltung. Niemand kann zum Beispiel aufmerksames Zuhören erlernen, ohne *auf etwas zu hören* (einen Inhalt aufzunehmen oder beim Zuhören einen Zweck zu verfolgen). Lernen wird auch davon bestimmt, in welchem Maß eine neue Fähigkeit Freude und Erfolg vermittelt und das Leben bereichert. Je eher Kinder positive Lernerfahrungen machen, desto

konstruktiver wird ihre Einstellung gegenüber neuen Lernangeboten sein. Sprachliche Kommunikationsfähigkeit ist nahezu jederzeit und in jeder Situation gefordert. Viele Aktivitäten in diesem Band sind deshalb so offen angelegt, dass sie an jedes Thema oder Projekt gekoppelt werden können, das aktuell bearbeitet wird. Sie können beliebig an den jeweiligen Entwicklungsstand der Kinder angepasst werden. Die einzelnen Aktivitäten sind fünfzehn Themenbereichen zugeordnet, die an die Erfahrungswelt der Kinder anknüpfen und deshalb in der Vorschulerziehung und Grundschulpädagogik aufgegriffen werden. Diese Themenbereiche finden sich als Gliederungsmerkmal in allen Bänden der Reihe „Kita-Praxis: Bildung" wieder:

▶ Ernährung
▶ Farben
▶ Feste und Feiern
▶ Formen
▶ Freies Thema
▶ Helfer im Alltag
▶ Ich bin ich
▶ Jahreszeiten
▶ Lernen mit Tieren
▶ Natur
▶ Reise und Verkehr
▶ Spielen
▶ Wasser
▶ Wetter
▶ Wohnen

Vertiefende Anmerkungen zu den Kapiteln

Die Kapiteleinteilung gibt Erzieherinnen die Möglichkeit, für die Kinder ein möglichst vielseitiges und anregendes Angebot an Aktivitäten aus allen vier Bereichen der sprachlichen Entwicklung zusammenzustellen. Die Entwicklung der visuellen und auditiven Wahrnehmung kann von Kind zu Kind unterschiedlich verlaufen. Solche Entwicklungsunterschiede wirken sich auf die Sprachentwicklung und damit auf die Kommunikationsfähigkeit aus. Im Vorschulalter ist das Gehör von manchen Kindern noch nicht voll ausgereift. Als Folge können verschiedene Laute noch nicht bewusst unterschieden werden (phonologische Bewusstheit). Auch die visuelle Wahrnehmung mag noch nicht weit genug entwickelt sein, um eine präzise Formerkennung zu ermöglichen (obwohl die Kinder natürlich „sehen" können). Verzögerte Entwicklungsverläufe bedeuten nicht zwangsläufig, dass das Kind beeinträchtigt oder gar geschädigt ist. Vielmehr braucht die körperliche Reifung eines Kindes in manchen Fällen etwas mehr Zeit als bei seinen Altersgenossen. Jedes Kind sollte aufmerksam beobachtet und durch vielfältige Spiel- und Lernerfahrungen angeregt werden.

Sprechen und zuhören

Etwas sagen wollen, sich der eigenen sprachlichen Fähigkeiten jedoch noch nicht sicher zu sein und trotzdem zu sprechen, das gehört wohl zu den größten Herausforderungen, die ein Kind im Laufe seiner Entwicklung erwarten. In dieser Entwicklungsphase fällt es Kindern noch schwer, gedanklich zu strukturieren, was sie sagen möchten. Erwachsene, die auf die Bemühungen eines Kindes mit aufmerksamer und einfühlsamer Zuwendung eingehen, vermitteln ihm persönlichen Erfolg und Selbstvertrauen. Die Interaktion mit anderen, insbesondere Erwachsenen, ist für das Kind eine notwendige Hilfe, um seine sprachliche Kommunikationsfähigkeit entfalten zu können.

Zu einem Gespräch gehören immer zwei: ein Zuhörer und ein Sprecher. Die Reaktionen auf die Artikulationsbemühungen von Kindern tragen entscheidend zu ihrer Sprachentwicklung bei. Erraten, was ein Kind sagen möchte, und dann stellvertretend für das Kind sprechen, ist keine wirksame Hilfe – im Gegenteil. Das Kind wird sich eher darin bestärkt sehen, sich mit eigenen Sprechversuchen zurückzuhalten. Es zu unterstützen heißt vielmehr, auf die Mitteilungen eines Kindes einzugehen, auf seine Äußerungen zu warten, ihm zuzuhören und jeden Erfolg durch Lob zu bestätigen.

Zur Aufgabe von Erwachsenen gehört auch, die Körpersprache eines Kindes zu deuten. Sie liefert wichtige Signale, die ein Kind aussendet, wenn es seine Bedürfnisse und Gefühle ausdrückt. Für Erwachsene besteht die Herausforderung darin, sich zurückzunehmen: Oft genug ertappt man sich dabei, sämtliche Gesprächsanteile zu übernehmen, das Kind zu unterbrechen oder unnötige Hilfen zu geben. Häufig steckt die Annahme dahinter, zu wissen, was das Kind sagen möchte. Damit ist das Risiko verbunden, die persönlichen Ausdrucksmöglichkeiten des Kindes zu beschneiden und seine sprachlichen Mitteilungen in eine vorbestimmte Bahn zu lenken.

Jedes Kind entwickelt sich auf seine persönliche Weise, Schritt für Schritt und in seinem eigenen Tempo. Diese Tatsache sollte stets im Blick behalten werden. Es gilt, Kinder in dem zu bestärken, was sie hier und jetzt können. Eine wesentliche Unterstützung ihrer Weiterentwicklung besteht darin, ihnen möglichst vielfältige Situationen anzubieten, die zum aktiven Sprechen einladen.

Spaß mit Reimen

Reime entstehen in spielerischem Umgang mit Sprache. Deshalb gehören sie zu den wesentlichen Elementen des kindlichen Spracherwerbs. Jede Form von Spiel stößt Entwicklung an und fördert den Aufbau sprachlicher Kommunikationsfähigkeit. Das Spiel mit der Sprache unterstützt nicht nur die verbale Kommunikation. Kinder lernen auf diesem Weg auch, Realität von Fantasie und Sinn von Unsinn zu unterscheiden. Durch Reime erfahren sie zudem, dass der Umgang mit Sprache witzig und unterhaltsam sein kann. Kinderreime tragen wesentlich dazu bei, dass Kinder Selbstvertrauen und Freude im Umgang mit Sprache aufbauen. Untersuchungen haben ergeben, dass Kinder mit einem vielfältigen Repertoire an Kinderreimen den Leselernprozess leichter bewältigen als Kinder ohne eine solche Grundlage. Diese Beobachtung wird darauf zurückgeführt, dass Kinder durch Reime verstehen lernen, wie Sprache funktioniert. Durch Erlernen, Sprechen und Singen von Reimen nehmen Kinder bereits Sprachregeln und -muster an, die sie später für den Erwerb der Lesefähigkeit benötigen. Gleichzeitig erfahren sie, wie Worte und *Laute* klingen (phonologische Bewusstheit) – eine

wesentliche Hilfe, wenn es darum geht, Buchstaben zu erkennen.
Manche Kinder haben Hemmungen, sich vor einer Gruppe oder sogar im
Kontakt mit einzelnen Kindern oder Erwachsenen zu äußern. Oft haben
gerade solche Kinder Spaß daran, Kinderreime mitzusingen oder
mitzusprechen. Reime können insofern Mut machen, sich auch in anderen
Situationen auf die komplexen Herausforderungen sprachlicher
Kommunikation einzulassen.

Jede Kultur kennt eigene Geschichten, Reime und Lieder. Erzieherinnen und
Erziehern bietet sich immer eine reichhaltige Fundgrube, um mit den Kindern
ein möglichst vielseitiges Repertoire an Kinderliedern und -reimen
aufzubauen. Es ist nicht wesentlich, dass die Kinder alle Worte eines Verses
auf Anhieb verstehen. Aber es ist wichtig, dass sie Laute und Wortklänge
richtig wiedergeben können – auf diese Weise erweitert sich ihr sprachlicher
Horizont, und sie werden mit Vergnügen mitsprechen und mitsingen.

Rollenspiel

In Rollenspielen können Kinder ihre Fähigkeiten in vielfältiger Weise
erproben: Sie können die Rollen bestimmter Personen übernehmen, sich an
unterschiedliche Orte oder in bestimmte Zeiten versetzen und
unterschiedliche Verhaltensweisen erproben.
Fantasie und Vorstellungsvermögen gehören zu den effektivsten Hilfsmitteln,
die die kindliche Entwicklung im Allgemeinen – nicht nur die
Sprachentwicklung – antreiben. Bedauerlicherweise ist ein Großteil des
Spielmaterials, das Kindern in die Hände gegeben wird, kaum dazu geeignet,
ihre Fantasie anzuregen. So kann es zum Beispiel viel Spaß machen, mit
einem bunten Plastikherd „Koch" zu spielen – für eine Weile jedenfalls. Dann
aber, wenn man nicht mehr länger „Koch" sein möchte, bleibt der
Plastikherd nur ein Plastikherd. Ein Pappkarton hingegen kann je nach
Wunsch und Vorstellung alles Mögliche sein. Man gibt der Sache einfach
einen Namen und lässt seine Fantasie spielen. Schlichte Kartons, Kisten und
Schachteln erfordern von den Kindern Improvisation – Improvisation
wiederum erlaubt Kindern, ihre Vorstellungskraft einzusetzen, ihre
Sprachkompetenz zu erweitern und problemlösendes Denken zu entwickeln.
Ob in Rollenspielen Alltagssituationen, Ereignisse der Geschichte,
Zukunftsszenarios oder Tiergeschichten aufgegriffen werden – Rollenspiel
bietet ein nahezu unbegrenztes Erfahrungsfeld. Sprachliche und soziale
Kompetenzen können in einem lebendigen Lernangebot geübt werden, das
darüber hinaus Spaß und Freude vermittelt.
Rollenspiel fördert inneres Engagement, Empathie und die Fähigkeit, sich in
andere Menschen hineinzuversetzen. Es regt die verbale und nonverbale
Kommunikation an. Damit werden eigene Gefühle und die Gefühlsreaktionen
anderer Menschen erfahrbar.
Durch Nachspielen einer realen Situation kann Rollenspiel zur Verarbeitung
von Erlebnissen beitragen. Dabei sollten die beteiligten Kinder Erlebtes
(zum Beispiel einen Streit) bewältigen und Lösungen finden. Ein solcher
Prozess erfordert sensible Begleitung und Führung der Kinder durch
Erwachsene.

Die Vorschläge in diesem Kapitel des Buches sind als Orientierungshilfen zu verstehen, nicht als Festschreibung pädagogischer Handlungen und Entscheidungen. Vielmehr sollen sie Ausgangspunkte bieten, um Spielsituationen zu entwickeln, die den Wortschatz und die Sprachkompetenz der Kinder bereichern.

Interesse an Büchern

Für viele Kinder gehört Lesen nur am Rande zu ihrer Alltagserfahrung. Entweder sie haben kaum Zugang zu Büchern, oder in ihrer Umgebung wird wenig Wert auf Lektüre gelegt. Erwachsene, die ein Modell für interessiertes Lesen geben möchten, werden in solchen Fällen vor eine große Herausforderung gestellt: Kinder davon zu überzeugen, dass Lesen eine normale Beschäftigung ist und obendrein noch Spaß macht. Diese Überzeugungsarbeit ist zentral für das Bemühen, Kinder zu späteren „Lesern" werden zu lassen. Erleben Kinder, dass Erwachsene mit Spaß und Gewinn lesen, werden sie motiviert, sich selbst mit Büchern zu beschäftigen. Diese anfängliche Motivation ebnet den Weg für die weitere Leseentwicklung.

Die Welt, in der Kinder heute leben, wirkt oft unwägbar und verunsichernd auf sie. Bücher geben ihnen die Möglichkeit, Menschen, Dinge, Handlungen und Ereignisse auf eine Weise zu erfahren, die immer eindeutig und immer gleich ist. Diese Erfahrungen mit Geschichten und darin handelnden Personen können besonders bei jungen Kindern beinahe reale Züge annehmen.

Die Beschäftigung mit Büchern unterstützt die kindliche Entwicklung in jeder Beziehung. Wenn Kinder Bücher betrachten, üben sie ihre Konzentrationsfähigkeit; sie lernen verschiedene Sprachgebrauchsweisen kennen, und sie werden mit unterschiedlichen Vorstellungen und Ideen vertraut. Darüber hinaus vermittelt das gemeinsame Betrachten eines Bilderbuches Ruhe und Behaglichkeit. Es liefert Anlässe für ein gemeinsames Gespräch und fördert somit die Entwicklung der sprachlichen Kommunikationsfähigkeit.

Lesenlernen vorbereiten

Ein Großteil unserer Kommunikation – ob im privaten oder öffentlichen Leben – geschieht durch das geschriebene Wort und setzt damit die Lesefähigkeit voraus. Ob während eines Bummels entlang einer Straße oder beim Betreten eines Gebäudes, überall begegnen uns schriftliche Hinweise, Aussagen oder Informationen. Spiel- und Lernangebote im Kindergarten sollen Kindern das Selbstvertrauen geben, eines Tages an dieser Form von Kommunikation teilnehmen zu können.

Damit ist nicht gemeint, dass im Rahmen dieser Angebote gezielt die Lese- und Schreibfähigkeit aufgebaut oder geübt wird. Vielmehr soll der Weg geebnet werden, der die Kinder zum Erwerb der Schriftsprache führt, wenn ihre Entwicklung es zulässt.

Die Spiel- und Lernangebote in diesem Kapitel lassen Kinder erkennen, dass Symbole und Schrift Bedeutung repräsentieren. Schrittweises Wahrnehmen und Erkennen von Symbolen bildet die Grundlage dafür, dass Kinder später Schrift entschlüsseln können.

 Sprache und Verständigung

Fast jede Aufgabe oder Aktivität bietet Möglichkeiten, die visuelle Wahrnehmung und das Erkennen von Symbolen zu trainieren. Erwachsenen kommt als Rollenmodell zentrale Funktion zu. Als unmittelbares Vorbild zeigen sie Kindern, dass ihnen Lesen Freude bereitet und sie bereichert – und sie vermitteln Kindern das Vertrauen, dass sie selbst zu Lesern werden können.

Kinder lieben es, mit Wörtern zu spielen. Sie haben Freude daran, herauszufinden, wie viele Wörter mit einem bestimmten Anfangslaut beginnen; oder sie bilden aus einem Ausgangswort neue Wörter (zum Beispiel Haus, Maus, Laus; Bim-Bam-Bum usw.). Beim Vorlesen können Kinder oft das nächste Wort erraten oder voraussagen, zum Beispiel, wenn die oder der Erwachsene den Kindern die Buchseiten zeigt und mit dem Finger am Text entlangfährt. Diese Fähigkeit ist einer der Bausteine des Leselernprozesses. Grundlage hierfür ist eine vielseitige Sprachentwicklung. Kinder haben außerdem viel Spaß an Spielen, die die visuelle Wahrnehmung trainieren. Es ist nur ein kleiner Schritt vom Auffinden von Bildpaaren (Schlange zu Schlange) zur Zuordnung von Bildern und Anfangsbuchstaben (S zu Schlange). Von dort wiederum ist es ein kurzer Weg, Wort und Bild zuzuordnen (*Schlange* zu Schlange). Diese Fähigkeit – zusammen mit dem Wissen, dass Text in einer bestimmten Richtung gelesen wird und dass zwischen Wörtern Abstände eingehalten werden – stellt die Weichen für das spätere Lesenlernen.

Die Spiel- und Lernangebote in diesem Kapitel sollen den Kindern vielfältige Erfahrungen mit Schriftsprache vermitteln, ohne das formale Lernen von Lesen und Schreiben vorwegzunehmen. Die Aktivitäten sollten spielerisch gestaltet sein und die sprachliche Entwicklung der Kinder anregen.

Es ist nicht notwendig, teures Lernmaterial anzuschaffen. Mit etwas Zeit und Kreativität können viele Materialien leicht selbst hergestellt werden. Darüber hinaus finden Kinder Materialien besonders ansprechend, wenn Erwachsene sie „extra für sie" angefertigt haben.

Begegnung mit Geschichten

Damit Kinder zu aktiven Lesern heranwachsen können, müssen sie interessante und motivierende Geschichten kennenlernen. An diese sollten sie von Anfang an bewusst und zielgerichtet herangeführt werden.

Jedes Kind genießt die Nähe, die entsteht, wenn jemand ihm eine Geschichte erzählt oder vorliest. Durch das gemeinsame „Eintauchen" in das Erzählte erlebt es zwischenmenschliche Wärme, Behaglichkeit und das Vergnügen, Ideen und Fantasien mit einer anderen Person zu teilen. Zuhören bedeutet für Kinder, dem Erzähler beim Spiel mit den Worten zu folgen und neue Begriffe oder Sprachstrukturen zu entdecken. Mit Vorliebe versuchen sie, den Fortgang einer Handlung zu erraten.

Wenn Kinder oft Geschichten zuhören, vertieft sich ihr Verständnis dafür, was eine Geschichte ausmacht und wie Geschichten wirken: Sie eröffnen Zugänge zu neuen Erlebniswelten und Situationen. Von der sicheren Position des Zuhörers aus können Kinder sogar Abenteuer und Gefahren „miterleben".

Die Spiel- und Lernangebote in diesem Kapitel sind so konzipiert, dass Kinder auf vielfältige Weise auf eine Geschichte reagieren können. In der kindlichen Persönlichkeitsentwicklung dienen Geschichten als Hilfsmittel, um eigene Gefühle und die Gefühle anderer Menschen verstehen zu lernen. In diesem Sinne wirken auch Lieblingsgeschichten, die Kinder gar nicht oft genug hören können. Die häufige Wiederholung derselben Geschichte kann dazu beitragen, innere Anliegen oder emotionale Bedürfnisse eines Kindes zu befriedigen. Oft begleiten solche Lieblingsgeschichten den Abschluss oder den Beginn von Entwicklungsschritten. Fast jeder Erwachsene kann sich an Geschichten erinnern, die ihm oder ihr während der Kindheit besonders wichtig waren – auch wenn es dafür nicht immer eine rationale Erklärung gibt. Wesentlich ist, dass die Identifikation mit Charakteren einer Erzählung zentrale Anliegen des eigenen Lebens berühren kann. Darum behalten Geschichten, in denen ein Kind sich selbst wiederfindet, lebenslange Bedeutung.

Ein Kind, das mit Freude Geschichten lauscht, wird dem Lesenlernen aufgeschlossen begegnen. Es wird selbst lesen wollen, weil seine bisherige Erfahrung ihm gezeigt hat, dass Lesen eine lohnende und zufriedenstellende Beschäftigung ist – und damit einem Lerninteresse folgen, das von einer persönlichen, inneren Motivation angetrieben wird.

Strich für Strich

Es ist immer faszinierend zu beobachten, wie Kinder schreiben lernen. Auf dem Weg zum Schriftspracherwerb durchlaufen sie aufeinander aufbauende Etappen oder Lernstufen. Auf der frühesten Stufe wird ein Kind auf Papier „kritzeln" – zunächst ohne erkennbare Bedeutung, außer für das Kind selbst. Und dennoch: diesem „Krickel Krackel" liegt bereits die Erfahrung zugrunde, dass geschriebene Zeichen und Symbole Information vermitteln. Folglich meint das Kind seine Kritzelstriche als Botschaft. Es ist bereits in der Lage, Schreiben von Zeichnen zu unterscheiden. Auf dieser Stufe können einige Kinder lesbare Buchstaben produzieren oder ihren Namen schreiben.

In der nächsten Stufe unternehmen Kinder „Schreibversuche". Was sie zu Papier bringen, sieht bereits wie Schrift aus, obwohl es noch kein sinnvolles Schreiben darstellt. Die Kinder haben erkannt, dass gesprochene Sprache aufgeschrieben werden kann. Sie wissen zudem, dass eine Botschaft gleich bleibt, sobald sie schriftlich fixiert ist. Auf dieser Stufe haben die Kinder auch bereits erfahren, dass Text (in Europa) von links nach rechts und von oben nach unten gelesen wird. Sie experimentieren gerne damit, Buchstaben und Wörter zu „schreiben". Erfahrungsgemäß sind sie in der Lage, ihre Botschaft „vorzulesen" und in manchen Fällen können Erwachsene sogar einige der Wörter oder Zeichen „dekodieren".

Während dieser Etappe, die dem eigentlichen Schreibenlernen vorausgeht, bietet der feinmotorische Umgang mit Papier und Stiften ein weites Erfahrungs- und Übungsfeld (zum Beispiel Training der Auge-Hand-Koordination; Linienführung; nachspuren oder abzeichnen vorgegebener Linien, Buchstaben oder Wörter). Zudem sind Erwachsene unmittelbare Vorbilder für die Kompetenz, schreiben zu können – etwa indem sie die Botschaften der Kinder aufschreiben: Die Kinder sagen dem Erwachsenen, was er schreiben soll. Dann schauen sie zu, während der Erwachsene die Buchstaben und Wörter auf Papier formt.

Im Vorschulalter sollten Kinder Gelegenheit erhalten, gemäß ihrem Entwicklungsstand mit Linien, Zeichen und Symbolen zu experimentieren. Ihre Versuche und Bemühungen sollten mit Lob und Bestätigung beantwortet werden. Solche positiven Erfahrungen wird in ihnen das Vertrauen wecken, sich in Zukunft Schreibkompetenz aneignen zu können.

Bücher gestalten

Kinder identifizieren sich sehr mit Büchern, die sie selbst gestaltet haben: Als Ergebnis ihrer Arbeit verfügen sie über ein individuelles, unverwechselbares Stück, das ihren persönlichen Anliegen Ausdruck verleiht. Erfahrungsgemäß sind sie auf ihre Bücher so stolz, dass sie sie jedem zeigen möchten, wieder und wieder.

Wenn Kinder Bücher über wichtige Ereignisse in ihrem Leben erstellen, lernen sie, Erlebnisse und Erfahrungen zu beschreiben. Es ist sinnvoll, eine Vielfalt an Papier, Mal- und Schreibwerkzeugen bereitzuhalten, damit Kinder jederzeit persönliche Aufzeichnungen anfertigen können. Eine Auswahl an Foto- und Bildmaterial zum Ausschneiden und Aufkleben ergänzt das Materialangebot.

Gemeinsam ein Buch zu gestalten verbindet: Es ist nicht nur eine kreative Beschäftigung sondern auch ein Weg, mit einem Kind zu kommunizieren. Buchgestaltung bietet vielfältige Gesprächsanlässe, etwa die Wahl des Dargestellten, die Erkundung des Materials oder die Auswahl von Werkzeugen und Techniken. Indem das Kind mit dem Erwachsenen die Planung und Gestaltung seines Buches bespricht, erweitert und übt es seine sprachlichen Fähigkeiten. Es gibt kaum ein Kind, das nicht davon begeistert ist, selbst ein Buch anzufertigen. Oft genug trägt die Motivation so weit, dass Kinder selbstständig ihre Buchideen umsetzen möchten. Wann immer möglich, sollten sie hierzu Gelegenheit erhalten. Als Resultat können sich Kinder und Erwachsene gemeinsam an den Ergebnissen erfreuen.

Planungsaspekte

Geben Sie den Kindern bei kulturell eingebundenen Aktivitäten (zum Beispiel christlichen Festen o. Ä.) unbedingt Gelegenheit, von ihren eigenen Gewohnheiten und Gebräuchen zu berichten. Kinder aus Familien mit Migrationshintergrund oder aus nichtchristlichen Familien dürfen sich nicht zurückgesetzt fühlen, weil ihre Kultur andere Ausprägungen zeigt als die in den vorgestellten Aktivitäten aufgegriffenen.

Alle Aktivitäten können so variiert werden, dass sie sich in eine Themenstellung eigener Wahl leicht einfügen lassen. Die Lern- und Spielangebote sind so konzipiert, dass sie sich mit Aktivitäten aus anderen Bänden der Reihe „Kita-Praxis: Bildung" vereinbaren lassen.

Keine der vorgestellten Aktivitäten setzt Vorkenntnisse seitens der Kinder voraus. Vielmehr entscheidet die Pädagogin oder der Pädagoge mit Blick auf das Entwicklungsalter der Kinder über die Auswahl von Lern- und Spielangeboten. Abschließende Ergebnissammlungen und -diskussionen in der Gesamtgruppe sind nicht nötig. Dennoch sollten die Erwachsenen Zeit einplanen, abschließend mit den Kindern das Gelernte zu besprechen. Die Kinder sollten die Gelegenheit erhalten, in Worte zu fassen, womit sie sich beschäftigt haben, wie sie darüber denken und was sie in ihrer Einschätzung geleistet haben. Die Lernerfahrungen und -fortschritte der Kinder sollten in regelmäßigen Elterngesprächen thematisiert werden.

Das bedeuten die Symbole im Buch

 **– Schwierigkeitsgrad**

Mit Punkten von ⚀ bis ⚂ wird der Schwierigkeitsgrad angezeigt, der für die Kinder mit der Bearbeitung einer Aufgabe verbunden sein kann. ⚀ steht für eine einfache Aktivität für jüngere Kinder, ⚂ weist auf Aktivitäten für Kinder hin, die in absehbarer Zeit die Grundschule besuchen werden. Da die meisten Gruppen altersheterogen zusammengesetzt sind, ist der größte Teil der Aktivitäten als „einfach" gekennzeichnet, sodass die ganze Lerngruppe daran teilnehmen kann. Ein höherer Schwierigkeitsgrad kann mit Hilfe der vorgeschlagenen Zusatzangebote erreicht werden. Die Kapitel sind vom Leichten zum Schweren aufgebaut.

 **– Gruppenstärke**

Anzahl der teilnehmenden Kinder unter Berücksichtigung der Aspekte Sicherheit und Schwierigkeit der Aktivität. Eine günstige Kinder-Erwachsenen-Relation ermöglicht auch weniger lernstarken Kindern die Bewältigung anspruchsvollerer Anforderungen. Die Gruppenstärke weist auf die Anzahl der Kinder während der Durchführung der Aktivität selbst hin, nicht auf Hinführungen oder Nachbesprechungen (Ergebnisreflexionen) in der Gesamtgruppe.

 **– Zeitaufwand**

Die Zeitangaben sind nur grobe Rahmenhinweise. Sie sollen in keiner Weise einengen. In der Regel bezeichnen sie den reinen Aufwand für die Durchführung der Aktivität, Vor- und Nachbereitungszeiten sind nicht eingerechnet.

❗ – Warnhinweis/Sicherheitsrisiken

Dieses Symbol weist darauf hin, dass für die betreffende Aktivität die Beaufsichtigung durch Erwachsene erforderlich ist. An relevanten Stellen werden die Arbeitsanleitungen durch zusätzliche Sicherheitshinweise ergänzt. Es wird dringend empfohlen, diese Hinweise vor Beginn einer Aktivität zu beachten.

Allgemeine Sicherheitsaspekte

Kinder sind aktiv Lernende. Lern- und Spielangebote, die zum Erkunden, Erforschen, Konstruieren oder Gestalten einladen, umfassen bisweilen potenziell gefährdendes Zubehör. Ein Teil des Lernprozesses besteht darin, dem Kind Gelegenheit zu geben, den sicheren Gebrauch solcher Gegenstände oder Stoffe zu erlernen. Da Kinder im Vorschulalter Gefahren nicht einschätzen können, sind die Erwachsenen aufgefordert, ihr Gruppensetting regelmäßig auf Risiken und Gefahren hin zu überprüfen.

Eltern sind Experten für ihr Kind und dessen persönliche Erfahrungswelt; ihre Hinweise bilden wertvolle Bausteine für die Arbeit von Pädagoginnen und Pädagogen. Zu den Informationen, die in der Arbeit mit Kindern unerlässlich sind, gehört die Kenntnis von möglichen Gesundheitsproblemen, insbesondere Allergien.

 Sprache und Verständigung

Sicherheitsbestimmungen seitens Ihres Arbeitgebers oder Trägers haben vor den Empfehlungen dieses Buches Vorrang; überprüfen Sie die entsprechenden Bestimmungen und Richtlinien genau in Bezug auf den Gebrauch von jeglichem Zubehör, Werkzeugen und Materialien.

Kopiervorlagen und andere Quellen

Die Seiten 164 bis 176 umfassen Kopiervorlagen für den Einsatz in Verbindung mit der jeweils angegebenen Aktivität. Die Darstellungen sind bewusst so gestaltet, dass sie von Kindern gegebenenfalls ausgemalt werden können. In den meisten Anleitungen wird empfohlen, die fertig ausgemalten Vorlagen zu laminieren, um ihre Haltbarkeit zu gewährleisten.

Sie finden auf diesen Seiten kleine Reime, in diesem Band verwendete Lieder mit Text und Noten sowie Texte zu „Goldlöckchen und die drei Bären", „Die drei kleinen Schweinchen" und „Der dicke, fette Pfannkuchen".

Variationen

Die Variationen beinhalten Empfehlungen, wie das Gelernte auch in andere Erfahrungsräume eingebracht werden kann.

Viele Lern- und Spielangebote greifen auf wiederverwendbares Material (Verpackungen, Zeitschriften usw.) zurück. In vielen Fällen können die Kinder dieses vielleicht von zu Hause mitbringen.

Portfolio: Dokumentation des Leistungsfortschritts

Es wird empfohlen, die Belege des Lernfortschritts eines Kindes, zum Beispiel erste Schreibversuche, Bilder und Zeichnungen sowie Fotos von Arbeitsergebnissen in einer Portfolio-Mappe aufzubewahren und zu dokumentieren. Diese Sammlung kann später für die Kinder und Eltern im Sinne von Förderbögen und Entwicklungsprotokollen Anlass zu gemeinsamer Betrachtung und Freude sein, darüber hinaus aber auch Grundlage zum Beispiel für Elterngespräche anlässlich einer qualifizierten Beratung beim Übergang in die Grundschule.

Das nachfolgend zusammengestellte Kompetenz-Raster bietet für jeden Lernbereich Anhaltspunkte für die zu dokumentierenden Lernfortschritte. Alle Kompetenz-Raster der Reihe zusammengenommen ergeben eine umfassende Übersicht über die Kompetenzen, über die ein Kind im Idealfall vor dem Wechsel in die Grundschule verfügen sollte. Die Dokumentationen sollten archiviert werden.

Sprache und Verständigung

Sprechen und zuhören

Mit Freude und mit Ausdauer aufmerksam zuhören

Auf Geschichten, Lieder, Musik, Reime und Gedichte mit Interesse reagieren

Anderen zuhören, wenn das Gespräch Interesse weckt (Eins-zu-eins-Situationen oder Kleingruppen)

Zuhören und aufnehmen, was andere Personen sagen

Kehrreime mitsprechen

Worte, Gesten und Körpersprache einsetzen, um zu kommunizieren (z. B. durch Blickkontakt, Gesichtsausdruck)

Mehr Handlung als Sprache nutzen, um etwas zu zeigen oder zu erklären

Einzelne Wörter und Begriffe sowie Gesten gebrauchen, um mit vertrauten Personen zu kommunizieren

Zuhören und aufnehmen, was andere Personen sagen; einen Wortschatz aufbauen

Aktives Zuhören erleben, Emotionen erkennen und versuchen, ein Gespräch zu „führen"

Beginnen, Sätze zu formulieren

Einfache grammatische Strukturen anwenden

Einfache Fragen stellen („Wo?", „Was?")

Einfache Aussagen und Fragen formulieren (evtl. unterstützt durch Gesten)

Sich im Gespräch abwechseln; mit anderen sprachlich interagieren

Sprache in „So-tun-als-ob-Situationen" einsetzen

Bekannte – oft einzelne – Wörter gebrauchen, um Entscheidungen (Zustimmung oder Ablehnung) mitzuteilen

Laute, Wörter und Texte erkunden und damit experimentieren

Wortschatz erweitern: Bedeutung und Klang neuer Wörter erkunden

Sprache erproben, die persönliches Eigentum beschreibt

Worte und Begriffe in Zusammenhang mit Personen oder Gegenständen anwenden, die von besonderer Bedeutung sind

Einfache Anleitungen umsetzen

Wissen, welche zentralen Ereignisse und Schlüsselsätze in einer Geschichte, einem Reim bzw. Lied als nächste folgen

Sich durch Intonation, Sprechrhythmus und Formulierung verständlich machen

Nach dem Grund für Ereignisse fragen und Erklärungen finden

Wortschatz erweitern: Bezeichnungen, Wörter Oberbegriffen zuordnen

In Gegenwart anderer sprechen (mehr an die eigene Person gerichtet als an andere)

Eigene Erfahrungen mit Geschichten in Zusammenhang bringen

Sprache zunehmend zweckbestimmt einsetzen

Selbstbewusstsein entwickeln, um gegenüber anderen Personen eigene Bedürfnisse und Interessen zu äußern

 Sprache und Verständigung

Sprache nutzen, um die Bedeutung von Handlungen und Objekten zu beschreiben
Eigene Geschichten, Reime und Gedichte erfinden
Auf Handlungs- und Ereignisfolgen achten
Einen wachsenden Wortschatz nutzen, um Gedanken auszudrücken oder weiterzuentwickeln
Vorhaben und Aktivitäten besprechen
Einen Wortschatz aufbauen, der eigene Erfahrungen reflektiert
Wörter und Redewendungen gebrauchen, die sich zunehmend aus der Erfahrung mit Büchern ableiten
Auf Gehörtes mit relevanten Kommentaren, Fragen oder Handlungen reagieren
Aussagen miteinander in Beziehung setzen; ein Thema oder eine Absicht verfolgen
Verstehen, dass Bücher und Internet Informationen liefern
Aufgaben besprechen, eigene Arbeit reflektieren und ggf. modifizieren
Gespräche initiieren
Sprache einsetzen, um Aufmerksamkeit zu erhalten und Veränderung zu bewirken
Sprache einsetzen, um Unstimmigkeiten zu klären

Spaß mit Reimen

Reimen, Geschichten und Liedern zuhören
Auf Geschichten, Lieder, Musik, Reime und Gedichte mit Interesse reagieren
Sich mit Freude an Rhythmus und Reimspielen beteiligen
Körperbewegung nutzen, um Reime und Verse nachzuvollziehen
Kehrreime mitsprechen
Wissen, welche zentralen Ereignisse und Schlüsselsätze in einer Geschichte, einem Reim bzw. Lied als Nächste folgen
Einfache Anleitungen umsetzen
Sich im Gespräch abwechseln; mit anderen sprachlich interagieren
Eine einfache Geschichte, eine Erklärung oder Fragestellungen folgerichtig entwickeln
Eigene Geschichten, Reime und Gedichte erfinden
Vorhaben und Aktivitäten besprechen

Bewusstsein für Wortrhythmen, Reime und Alliteration zeigen

Rollenspiel

Sprache und Wortschatz bei der Gestaltung von Rollen und Situationen (Rollenspiel) nutzen

Wissen, dass Schrift Information vermittelt

Einzelne Wörter und Begriffe sowie Gesten gebrauchen, um mit vertrauten Personen zu kommunizieren

Sprache in „So-tun-als-ob-Situationen" einsetzen

Eigene Erfahrungen mit Geschichten in Zusammenhang bringen

Mit Selbstvertrauen mit Menschen sprechen, die nicht zum vertrauten Personenkreis gehören

Den Ansichten anderer zuhören und sie berücksichtigen

Sprache einsetzen, um einen Handlungsentwurf zu erfassen, um aktuelles Handeln zu beschreiben, um zu erkennen, welche Handlung als nächste folgt

Deutlich, selbstbewusst und kontrolliert sprechen; sich der Gegenwart von Zuhörern bewusst sein (erkennbar z. B. am Gebrauch von Konventionen wie „Bitte" und „Danke")

Meinungen besprechen

Auf Handlungs- und Ereignisfolgen achten

Vergangene Ereignisse und ihre Abfolge reflektieren

Aufgaben besprechen, eigene Arbeit reflektieren und ggf. modifizieren

Gespräche initiieren

Sprache nutzen: Denken, Vorstellungen, Gefühle und Ereignisse strukturieren, ordnen und klären

Sich mit Hilfe von Sprache, Bewegung und Dingen vergangene Erfahrungen vergegenwärtigen

Interesse an Büchern

 bis

Interesse an Buchillustrationen und gedrucktem Text zeigen

Freude und Interesse an einer zunehmenden Zahl unterschiedlicher Bücher zeigen

Mit Büchern sorgsam umgehen

Ein Buch lesegerecht halten, Seiten umblättern

Bestimmte Bücher bevorzugen

Geschichten und Gedichten zuhören

 Sprache und Verständigung

Wissen, dass ein Wort eine bestimmte Bedeutung repräsentiert
Erkennen, wie Geschichten aufgebaut sind
Sich an Aktivitäten, die sich aus Geschichten oder Gedichten ableiten, beteiligen (1:1, Kleingruppe)

Lesenlernen vorbereiten

Einen ersten Zugang zu Lesematerialien gewinnen
Erkennen, dass man Gesprochenes/Erzähltes schriftlich festhalten kann
Interesse an Buchillustrationen und gedrucktem Text zeigen
Beginnen, einige bekannte Wörter wiederzuerkennen
Verschiedene Laute und Klänge voneinander unterscheiden

Wissen, dass Schrift Information vermittelt
Erkennen, dass man mit Schrift Ordnung herstellen kann
Verstehen, dass Texte Bedeutung repräsentieren
Verstehen, dass Texte (im Deutschen) von links nach rechts und von oben nach unten gelesen werden

Laute und Buchstaben einander zuordnen
Erkennen, dass Geschichten/Erzählungen einer bestimmten Reihenfolge gehorchen
Verstehen, dass Sachtexte Informationen liefern und zur Beantwortung von Fragen beitragen
Differenziert Gleiches, Ähnliches und Verschiedenes beschreiben

Geschichten anhand von Bildreihen entwickeln
Einen ersten Zugang zum Alphabet gewinnen
Anfangslaute und Endlaute von Wörtern erkennen und wiedergeben
Kurze Vokale in Wörtern erkennen
Verstehen, aus welchen wesentlichen Elementen Geschichten bestehen (Hauptfigur, Reihenfolge der Ereignisse/der Handlung, Beginn einer Geschichte)

Einige bekannte, gebräuchliche Wörter sowie einfache Sätze selbstständig lesen
Bewusstsein für Reime, Rhythmus und Alliteration zeigen
Buchstaben des Alphabets benennen

Begegnung mit Geschichten

Mit wachsendem Interesse/wachsender Merkfähigkeit Geschichten zuhören

Mit Freude gesprochener Sprache und Texten zuhören; beides in Spiel- und Lernsituationen nutzen

Über Bilder und Gestaltungsmöglichkeiten Geschichten/Erzählungen nachvollziehen

Körperbewegung nutzen, um Reime und Verse mitzuvollziehen

Sich an Aktivitäten, die sich aus Geschichten oder Gedichten ableiten, beteiligen (1:1, Kleingruppe)

Geschichten/Erzählungen durch Nachspielen verinnerlichen

Verstehen, dass Sachtexte Informationen liefern und zur Beantwortung von Fragen beitragen

Geschichten in der richtigen Reihenfolge wiedergeben und dabei wiederkehrenden Text (Kehrreime, wiederkehrende Sätze usw.) als Hilfestellung nutzen

Nach dem Grund für Ereignisse fragen; Erklärungen finden

Einfache Rhythmen mitvollziehen und selbst erfinden

Ein Repertoire von Mitmach-Liedern und -spielen aufbauen: Bewegungsfolgen erlernen

Ein Erfahrungsfeld erkunden und erproben; dabei verschiedene Sinne nutzen

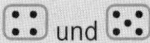

Vermutungen über das Ende einer Geschichte äußern

Verstehen, aus welchen wesentlichen Elementen Geschichten bestehen (Hauptfigur, Reihenfolge der Ereignisse/der Handlung, Beginn einer Geschichte

Nach dem Grund für Ereignisse fragen; Erklärungen finden

Strich für Strich

Einen Bleistift schreibgerecht halten

Stifte mit wachsender Kontrolle führen

Sich mit Aufgaben beschäftigen, die Auge-Hand-Koordination erfordern

Linien und Kreise zeichnen, dabei Ganzkörperkoordination einsetzen

Linien gegen den Uhrzeigersinn zeichnen; senkrechte Linien nachspüren

Linien malen und zeichnen, manchmal den Zeichen Bedeutung beimessen

Schrift als Mittel der Verständigung und als Informationsquelle erkennen

⚁
Linien und Zeichen Bedeutung zuschreiben

⚁
Einzelne Worte voneinander unterscheiden

⚂
Beginnen, erkennbare Buchstaben zu formen
Wissen, dass ein Wort eine bestimmte Bedeutung repräsentiert

⚄
Den eigenen Namen schreiben
Schrift nutzen, um zu kommunizieren und Erfahrungen aufzuzeichnen
Phonetische Kenntnisse nutzen: einfache Wörter schreiben
Bücher gestalten

⚀ bis ⚅
Den Zusammenhang zwischen Bild und Schrift erkennen
Bild und Schrift als Dokumentationsform erkennen
Verstehen, dass Bücher und Internet Informationen liefern
Bilder als Grundlage für Geschichten/Erzählungen nutzen
Andere Formen von Büchern kennenlernen
Fachbegriffe rund ums Buch kennenlernen

Themenbereiche: Zuordnung der Aktivitäten

Sprache und Verständigung

Themenbereiche: Zuordnung der Aktivitäten

Themenbereiche: Zuordnung der Aktivitäten

Reise und Verkehr	
Ich fahre im Bus und sehe …	47
Raumfähre	83
Unterwegs	71

Spielen	
Ein Platz für Teddy	33
Eine Hütte bauen	72
Kreisspiel	53
Was mag der Bär am liebsten?	115

Wasser	
Flaschenpost	134
Piraten	69
Schatzkarte	135

Wetter	
Wetterbericht	59

Wohnen	
Unsere Ritterburg	80

Kopiervorlagen-Übersicht

Kopiervorlagen	
Gleich – verschieden (Karten)	166
In welcher Reihenfolge (Karten)	167
Puzzle-Vorlage	164
Reim-Lotto (Karten)	165

Material	
Das Flummilied	175
Der dicke, fette Pfannkuchen	172
Die drei kleinen Schweinchen	171
Goldlöckchen und die drei Bären	170
Reime	168
Tanzlied der Tiere	174
Das Lied von den Gefühlen	176

Schau mich an und hör mir zu!

Lernerfahrungen

▶ Aktiv zuhören.

▶ Mit Kindern ins Gespräch kommen.

Durchführung

▶ Diese Aktivität kann während freier oder strukturierter Spielphasen durchgeführt werden. Nehmen Sie eine Position ein, die es dem Kind erlaubt, mit Ihnen Blickkontakt aufzunehmen. Diese Form der Zuwendung ist eine einfache, aber grundlegende Methode, um ein Kind zu sprachlicher Kommunikation anzuregen. Es kann an Ihren Mundbewegungen sehen, wie Sie die Worte formen. Durch den Blickkontakt kann das Kind beobachten, wohin Sie gerade schauen und welche Empfindungen Ihr Blick ausdrückt. Weitere Möglichkeiten, den Kindern die Kommunikation zu erleichtern:

  ▷ Begeben Sie sich auf Augenhöhe mit den Kindern.

  ▷ Lassen Sie die Kinder auf Ihren Knien sitzen.

  ▷ Setzen Sie sich gelegentlich auf den Boden, während die Kinder auf Stühlen sitzen.

▶ Achten Sie darauf, dass die Kinder *mit* den anderen Kindern sprechen – nicht *zu* ihnen. Nutzen Sie jede Gelegenheit, um den Kindern im Gespräch die Führung zu überlassen – auch dann, wenn Sie versucht sind „einzuspringen". Die Suche nach den richtigen Worten kann für Kinder mühsam sein. Geben Sie behutsam Hilfestellung und positives Feedback, wenn die Kinder neue Wörter ausprobieren.

Sprache und Verständigung

Beobachten, abwarten, zuhören

Lernerfahrungen

▶ Sich zum Sprechen anregen lassen.

▶ Gedanken und Vorstellungen in Worte fassen.

▶ Gedanken und Vorstellungen sprachlich strukturieren, ordnen und klären.

Durchführung

Die Vorgehensweise eignet sich als Leitlinie für jede Spiel- und Lernsituation.

Beobachten, abwarten, zuhören – prägen Sie sich diese drei wesentlichen Schlüsselwörter als Leitformel für Gesprächssituationen mit Kindern ein:

▶ **Beobachten** Sie den Gesichtsausdruck und die Körpersprache des Kindes. Achten Sie darauf, wohin es seine Aufmerksamkeit richtet. Mit Hilfe dieser Hinweise können Sie verstehen, worüber das Kind gerade spricht.

▶ **Warten** Sie ab, bis das Kind das Gespräch beginnt. Das erfordert manchmal etwas Geduld – dennoch: Widerstehen Sie der Versuchung, in dieser Phase steuernd einzugreifen.

▶ **Hören** Sie aufmerksam zu, was das Kind sagt – überlassen Sie ihm den größten Anteil am Gespräch. Wenn Sie den Eindruck haben, dass das Kind Hilfe braucht, geben Sie behutsame Anstöße und Anregungen.

Die beschriebene Vorgehensweise wirkt umso effektiver, je mehr Erwachsene in der Umgebung der Kinder sie anwenden.

Vertiefung

▶ Geben Sie kontinuierlich positives Feedback, wenn ein Kind spricht.

▶ Helfen Sie den Kindern dabei, Gedanken und Gefühle in Worte zu fassen, wenn sie allein nicht weiterkommen.

▶ Lassen Sie den Kindern Zeit, um ihre eigenen Gefühle, Bedürfnisse und Interessen sprachlich auszudrücken.

Interkulturelle Aspekte

▶ Bei Kindern mit einer anderen Muttersprache als Deutsch sind Lücken im Wortschatz zu erwarten.

Aufmerksame Zuhörer

Lernerfahrungen
▶ Aufmerksam zuhören.

Durchführung
▶ Drei wesentliche Elemente des Zuhörens unterstützen die Kinder darin, ihre sprachlichen Fähigkeiten zu entwickeln:
  ▷ nachsprechen,
  ▷ deuten,
  ▷ kommentieren.
▶ Nachsprechen, was ein Kind gesagt hat, wirkt wie eine Bestätigung: „Ich höre dir zu!" Beispiel: Ein Kind sagt *O, nein!*, Sie wiederholen *Oh, nein!*. Damit bestätigen Sie dem Kind, dass Sie seine Mitteilung gehört haben. Wenn Sie dann zum Beispiel hinzufügen: *Was ist denn hier passiert?*, zeigen Sie, dass Sie verstanden haben, was das Kind sagen möchte. Dieser bestätigende Kommentar dient dem Kind auch als Hilfe, selbst nach Worten zu suchen. Es könnte zum Beispiel sagen: *Es ist alles umgefällt.* Sie werden dann wiederholen: *Es ist alles umgefallen?* Eine solche Wiederholung mit einem Fragezeichen im Tonfall ermutigt das Kind, den Satz noch einmal zu probieren.
▶ Es kann vorkommen, dass Sie nicht gleich verstehen können, was das Kind meint. Bitten Sie es, das Gesagte zu wiederholen. Damit zeigen Sie dem Kind Ihr Interesse an seinen Äußerungen.
▶ Indem Sie die Handlungen des Kindes kommentieren, unterstützen Sie die Erweiterung seines Wortschatzes.

Vertiefung
▶ Suchen Sie während jeder Aktivität nach Möglichkeiten, den Wortschatz und die Satzbildung der Kinder zu fördern.

Interkulturelle Aspekte
▶ Gehen Sie einfühlsam auf Kinder ein, für die Deutsch Zweitsprache ist. Sie brauchen unter Umständen zusätzliche Hilfen, um sich einen Wortschatz und grammatische Strukturen anzueignen. Sprechen Sie die Kinder in klaren und einfachen Worten an, damit die Kinder Ihre Sprachmuster aufnehmen können.

Sprache und Verständigung

Ein Platz für Teddy

Lernerfahrungen

▶ Wörter kennenlernen, die räumliche Positionen anzeigen (Präpositionen).

Durchführung

▶ Die Kinder sitzen als Gruppe zusammen. Halten Sie den Teddy auf Ihrem Schoß. Erklären Sie den Kindern die Aufgabe: Sie nennen einen bestimmten Platz im Gruppenraum. Eines der Kinder legt den Teddy dorthin.

▶ Wählen Sie ein Kind aus, das den Teddy zum Beispiel *auf den Tisch* legt. Das Kind setzt sich wieder an seinen Platz. Fragen Sie die anderen Kinder, ob der Teddy am richtigen Platz liegt. Danach ist ein anderes Kind an der Reihe. Bitten Sie es, den Teddy beispielsweise *neben den Stuhl* zu legen. Die Gruppe entscheidet wieder, ob es den richtigen Platz gewählt hat. Setzen Sie das Spiel auf diese Weise fort.

▶ Weitere Positionen, die Sie vorgeben können, sind: *vor, hinter, auf, unter, über, gegenüber, in, neben* usw.

▶ Sie können dieses Spiel erweitern, indem Sie die Kinder bitten, den Teddy zum Beispiel *vor den Schrank, aber hinter den Stuhl* zu legen.

⤑ Stofftier, z. B. ein Teddy

Vertiefung

▶ Die Kinder malen den Teddy an den verschiedenen Plätzen (räumlichen Positionen).

Rate, was das ist!

Lernerfahrungen

▶ Mit Freude zuhören.

▶ Laute in Worten erkunden und damit experimentieren.

Vorbereitung

▶ Die Kinder sitzen als Gruppe zusammen und sind bereit, konzentriert zuzuhören.

Durchführung

▶ Kündigen Sie das Spiel „Rate, was das ist!" an. Sehen Sie sich im Raum nach einem geeigneten Gegenstand um. Die Kinder werden Ihrem Blick folgen – versuchen Sie, ihnen durch Ihr Blickverhalten nicht zu viele Hinweise zu geben. Diese Aktivität soll die auditive (nicht die visuelle) Wahrnehmung ansprechen. Angenommen, Sie haben ein Bild ausgewählt. Beginnen Sie das Spiel mit den Worten: *Ich sehe etwas, das beginnt mit dem Laut ‚b' und endet mit ‚d'. Was ist das?* (Achten Sie darauf, dass Sie die Laute der Buchstaben deutlich aussprechen.)

▶ Wenn die Kinder in dem Spiel geübt sind, können Sie sie reihum selbst Gegenstände aussuchen und erraten lassen.

Vertiefung

▶ Das Spiel kann auf Gegenstände außerhalb des Raumes ausgeweitet werden. Wählen Sie ein Objekt aus, das die Kinder kennen. Geben Sie ihnen einen zusätzlichen Tipp. Beispiel: *Ich denke an etwas, das beginnt mit ‚sch' und endet mit ‚f'. Es lebt auf einer grünen Weide. [Schaf]*

Zeigen und erzählen

Lernerfahrungen

▶ Vor einer Gruppe Selbstvertrauen bewahren.
▶ Vor einer Gruppe mit klarer Stimme und deutlicher Aussprache sprechen.

Vorbereitung

▶ Bitten Sie die Kinder, abwechselnd etwas von zu Hause mitzubringen, das sie den anderen Kindern gern zeigen möchten.

Durchführung

▶ Verankern Sie „Zeigen und erzählen" als regelmäßig wiederkehrende Gruppenaktivität im Gruppenalltag. Formulieren Sie einfache Regeln:
  ▷ *Alle Kinder sitzen ruhig an ihrem Platz.*
  ▷ *Alle Kinder sind leise.*
  ▷ *Jedes Kind hört aufmerksam zu.*
  ▷ *Jedes Kind kommt an die Reihe und bringt etwas von zu Hause mit.*
▶ Organisieren Sie die Sitzverteilung so, dass sie nicht einschüchternd wirkt. Falls nötig, unterstützen Sie das Kind durch aufmunternde Bemerkungen oder Lob. Greifen Sie nicht ein, wenn das Kind ohne Ihre Hilfe erzählt. Lassen Sie es eigene Worte wählen, um seine Gedanken zu äußern und um sein Mitbringsel zu beschreiben.

▶ Üben Sie mit den Kindern diese Aktivität, sodass sie sie zunehmend selbstständig durchführen können. Bleiben Sie jedoch in der beobachtenden Rolle.

Vertiefung

▶ Wenn Kinder etwas in der Hand halten und zeigen können, fällt es ihnen leichter, vor der Gruppe zu sprechen. Gleichzeitig werden sie angeregt, über den konkreten Gegenstand hinaus von eigenen Erfahrungen und Erlebnissen zu berichten. Beispiele: bei einer Hochzeit dabei sein und als Blumenkind mitwirken, im Krankenhaus liegen, zum Zahnarzt gehen usw.
▶ Ermuntern Sie die Kinder dazu, über etwas Interessantes zu sprechen, mit dem sie sich in anderen Bereichen beschäftigt haben.

Versteckte Bilder

Lernerfahrungen

▶ Gedanken und Vorstellungen sprachlich ordnen.

Vorbereitung

▶ Sammeln Sie großformatige Fotokalender (auf Flohmärkten, in Secondhand-Läden und Antiquariaten, im Bekanntenkreis usw.). Häufig bestehen solche Kalender aus ansprechenden Abbildungen, die zu verschiedenen Lerninhalten passen.

▶ Wählen Sie ein ansprechendes Bild von einem alten Fotokalender aus. Decken Sie es entweder mit den selbstklebenden Notizzetteln oder mit kleinformatigem Papier (mit Klebebandröllchen befestigen) ab.

Durchführung

▶ Hängen Sie das abgedeckte Bild an die Wand oder an eine Staffelei. Erzählen Sie den Kindern, dass sich unter den Zetteln ein „geheimes Bild" verbirgt. Stück für Stück werden Sie es aufdecken. Die Kinder haben die Aufgabe, genau zu beobachten und zu überlegen, was auf dem Bild zu sehen sein könnte.

▶ Nehmen Sie ein Stück Papier ab und fragen Sie die Kinder, was sie sehen. Ermuntern Sie sie, möglichst viel über das zu sprechen, was sie in dem Ausschnitt erkennen können – zum Beispiel Farben, einen bestimmten Gegenstand oder nur einen Teil eines Objektes usw. Ermutigen Sie: *Was könnte unter dem nächsten Papierstück versteckt sein?*

▶ Gehen Sie langsam und Schritt für Schritt vor. Regen Sie die Kinder zu einem möglichst vielfältigen Gebrauch von Sprache und Wortschatz an. Wenn das Foto fast freigelegt ist, dürfen die Kinder raten: *Was könnte das Bild darstellen? Warum meinst du dies?*

Hören und raten

Lernerfahrungen
▶ Aufmerksam und interessiert zuhören.
▶ Geräusche erkunden und erproben.

Vorbereitung
▶ Die Kinder sitzen als Gruppe zusammen und sind bereit, konzentriert zuzuhören.

Durchführung
▶ Legen Sie alle Gegenstände auf das Tablett und zeigen Sie sie den Kindern. Fragen Sie die Kinder, um was es sich handelt und wie die Dinge heißen. Wenn die Kinder möchten, können sie die Objekte in die Hand nehmen und befühlen.
▶ Platzieren Sie eine Stellwand zwischen sich und die Kinder, sodass diese die Gegenstände nicht mehr sehen können. Fordern Sie sie auf, die Augen zu schließen und konzentriert zu lauschen. Nehmen Sie eines der Objekte in die Hand und lassen Sie es aus geringer Höhe auf das Tablett fallen.
▶ Die Kinder heben eine Hand, wenn sie glauben, den Gegenstand am Geräusch erkannt zu haben.
▶ Gehen Sie alle Gegenstände durch. Entfernen Sie anschließend die Stellwand. Wiederholen Sie die vorherigen Arbeitsschritte und lassen Sie die Kinder diesmal zusehen.

➜ ein Tablett aus Metall
➜ verschiedene Gegenstände, z. B. Schlüssel, Gummiball, Murmeln, Bleistift, Löffel usw.
➜ eine Stellwand

Vertiefung
▶ Verwenden Sie dieselben Gegenstände, lassen Sie sie jedoch auf eine andere Unterlage fallen: *Welche Geräusche verursachen die Dinge jetzt?*
▶ Lassen Sie die Gegenstände aus größerer Höhe fallen: *Wie verändert sich das Geräusch?*
▶ Wenn die Kinder genau zugehört und die Objekte sicher erraten haben, kann das Spiel mit anderen Dingen fortgesetzt werden.

Ich höre …

 ggf. Kassettenrecorder und Leerkassette

 ggf. anderes Aufnahmegerät

 ggf. CD oder Kassette mit Geräuschen

Lernerfahrungen

▶ Konzentriert zuhören.

▶ Stimmen und Laute erkunden.

Vorbereitung

▶ Die Kinder sitzen als Gruppe zusammen und sind bereit, aufmerksam zuzuhören.

Durchführung

▶ Sagen Sie den Kindern, dass sie gemeinsam ein Spiel spielen werden. Das Spiel heißt: „Ich höre …".

▶ Erklären Sie das Spiel: Der/die Erwachsene und die Kinder äußern reihum einen Laut. Die anderen Gruppenmitglieder erraten, was der Laut darstellt.

▶ Geben Sie zu Beginn ein Beispiel vor: *Ich höre … muh, muh, muh. Was ist das?*

▶ Die Kinder erraten, um welchen Laut es sich handelt (Muhen einer Kuh). Ermuntern Sie sie, reihum einen Laut vorzugeben, den die anderen Kinder erraten müssen.

Vertiefung

▶ Nehmen Sie verschiedene Tierlaute auf Kassette auf und spielen Sie sie den Kindern vor. Die Kinder versuchen, die Tierstimmen zu imitieren. Wie gut gelingt es ihnen?

Vormachen – nachmachen

Lernerfahrungen
▶ Konzentriert zuhören.
▶ Geräusche erkunden und erproben.

Vorbereitung
▶ Die Kinder sitzen als Gruppe zusammen und sind bereit, aufmerksam zuzuhören.

Durchführung
▶ Erklären Sie den Kindern das Spiel: Sie machen etwas vor, das die Kinder genau imitieren (nachmachen) sollen. Klatschen Sie einmal in die Hände. Fordern Sie die Kinder dann auf, Sie „nachzumachen". Klatschen Sie zweimal in die Hände. Fordern Sie die Kinder erneut auf, dies „nachzumachen". Die Kinder hören bei diesem Spiel genau hin. Sie zählen, wie oft Sie vorklatschen. Danach klatschen sie genau so oft nach.
▶ Wenn die Kinder diese Spielvariante beherrschen, können Sie damit beginnen, einfache Rhythmen vorzuklatschen (zum Beispiel zweimal lang und einmal kurz, oder einmal lang und dreimal kurz).
▶ Ermuntern Sie die Kinder dazu, reihum einen einfachen Rhythmus vorzuklatschen, den Sie und die anderen Kinder dann nachmachen.

Vertiefung
▶ Klatschen Sie im Rhythmus zu den Namen der Kinder. Fordern Sie die Kinder auf, mitzuklatschen.
▶ Variation: Klatschen Sie einen Namen vor (ohne ihn zu sagen). Die Kinder versuchen zu erraten, wessen Name es ist.
▶ Klatschen Sie einzelne Zahlen vor (etwa dreimal für die Zahl Drei), um die Kinder zum Zählen anzuregen.

Ähnliche Aktivitäten
▶ Klangkette (siehe S. 50)

 Sprache und Verständigung

Jemanden anrufen

Lernerfahrungen

▶ Abwechselnd miteinander sprechen.

▶ Fragen stellen und Antworten geben.

▶ Neue Wörter und Begriffe kennenlernen.

⇨ alte Telefone
⇨ abgemeldete Handys
⇨ ggf. Kassettenrecorder und Leerkassette (oder anderes Aufnahmegerät)

Vorbereitung

▶ Halten Sie jederzeit alte Telefone und Handys für Spielsituationen bereit (einschließlich der Spiele im Freien). Sie sollten alltäglicher Bestandteil aller Spiel- und Lernaktivitäten sein.

Durchführung

▶ Geben Sie Anregungen, welche Telefongespräche die Kinder nachspielen könnten:

▷ Freunde und Verwandte anrufen (sich nach dem Wohlergehen einer Person erkundigen, Besuche verabreden),

▷ Gespräche zwischen Arzt und Patient,

▷ Gespräche zwischen Arzt und Krankenhaus,

▷ Anrufe zwischen Krankenhaus und Patient,

▷ Notrufe (Feuerwehr oder Ambulanz),

▷ Friseur anrufen (Termine vereinbaren und absagen),

▷ Gespräche zwischen Tierarzt und Tierhalter,

▷ KFZ-Werkstatt anrufen (Autoreparatur),

▷ Karten vorbestellen (Busreise oder Kinderfest),

▷ Kaufhaus anrufen (fragen, ob ein bestimmter Artikel vorrätig ist),

▷ Reisebüro anrufen (Reise buchen).

Rollenspiele rund ums Telefonieren lassen sich vielfältig variieren – lassen Sie sich durch die Beobachtung der Kinder beim Spiel inspirieren.

Vertiefung

▶ Stellen Sie einen Kassettenrecorder (oder ein anderes Aufnahmegerät) zur Verfügung. Die Kinder können den Verlauf eines Telefongesprächs planen und das Gespräch aufnehmen. Hören Sie gemeinsam mit den Kindern die Aufnahme an. Können die Kinder vielleicht sogar heraushören, dass sich aufgezeichnete Gespräche etwas anders anhören als persönliche, unmittelbar geführte Gespräche?

Variationen

▶ Eine Nachricht notieren (siehe S. 149)

Geheimnisse

  15 frei

Lernerfahrungen

▶ Gedanken und Vorstellungen sprachlich ordnen.

▶ Besondere Worte erlernen, um Dinge zu beschreiben.

Durchführung

▶ Erklären Sie den Kindern das Spiel: Ein „Geheimnisträger" denkt an einen bestimmten Gegenstand und beschreibt ihn. Die Mitspieler erraten das „Geheimnis" beziehungsweise den betreffenden Gegenstand, an den die Person denkt.

▶ Geben Sie den Kindern zunächst ein Beispiel vor: *Ich denke an mein Geheimnis: Es ist ein Ding hier im Raum. Wir haben mehrere davon. Es ist weiß, und es ist aus Plastik. Man kann hineinsprechen, und man kann daran lauschen. Hier im Raum benutzen wir sie zum Spielen. Wahrscheinlich hat jeder so ein Ding zu Hause. Zu Hause hat es eine Nummer. Es fängt mit ‚t' an. Durch dieses Ding kann man mit jemandem sprechen.*

▶ Nachdem die Kinder erraten haben, worum es sich handelt, dürfen sie reihum selbst „Geheimnisträger" sein.

→ verschiedene Spielsachen

Vertiefung

▶ Geben Sie den Kindern den Tipp, dass ihr „Geheimnis" nicht unbedingt konkret im Raum präsent sein muss (sie könnten zum Beispiel auch an einen Dinosaurier denken). Wichtiger ist es, dass sie sinnvolle Hinweise geben.

▶ Dieses Spiel eignet sich auch zur Partnerarbeit. Manchen Kindern fällt die Arbeit zu zweit leichter als in einer größeren Gruppe.

Puzzle selbstgemacht

Lernerfahrungen

▶ Gedanken und Vorstellungen sprachlich ordnen und angemessen ausdrücken.

Vorbereitung

▶ Fotokopieren Sie die Puzzle-Vorlage auf S. 164 auf dünnen Karton. Malen Sie sie bei Bedarf farbig aus. Schneiden Sie die Puzzle-Stücke entlang den breiten Linien aus.

▶ Puzzles sind leicht herzustellen. Wählen Sie große, klare Fotos aus Katalogen oder Zeitschriften aus. Kleben Sie die Bilder zur einfachen Handhabung auf dünnen Karton. Schneiden Sie das Bild in fünf oder sechs große, ungleichmäßige Stücke.

Durchführung

▶ Sagen Sie den Kindern, dass Sie ein Puzzle gebastelt haben. Nun brauchen Sie ihre Hilfe, um es zusammenzusetzen.

▶ Betrachten Sie gemeinsam jedes einzelne Puzzleteil. Die Kinder sagen, was sie auf den Puzzlestücken sehen können. Sie beschreiben, was auf dem Bild dargestellt sein könnte. Falls die Kinder nicht weiter wissen, können Sie ihnen ein paar Tipps geben. Beispiel: *Schau mal, das hier ist ein Baby in einem Kinderwagen. Und da ist eine Frau, die ihre Arme nach vorne streckt. Vielleicht ist das die Mutter von dem Baby und sie schiebt den Kinderwagen?*

▶ Je mehr Details in diesem Gespräch erwähnt werden, desto wirksamer unterstützt es die Wortschatzentwicklung. Nachdem die Kinder herausgefunden haben, was das Puzzle darstellt, setzen sie es zusammen.

▶ Sprechen Sie über das fertige Puzzle: *Was ist auf dem Bild zu sehen? Ist es das, was ihr vermutet habt?*

Materialien:
→ Puzzle-Vorlage auf S. 164
→ alte Kataloge
→ Zeitschriften
→ Karton
→ Scheren
→ Klebstoff

Was ist das?

Lernerfahrungen

▶ Sprache nutzen, um Gedanken zu ordnen.
▶ Erweiterung des Wortschatzes (beschreibende Begriffe).

Durchführung

▶ Sagen Sie den Kindern, dass es in diesem Spiel darum geht, Dinge zu *beschreiben*. Erklären Sie ihnen die Bedeutung von „beschreiben" (= sagen, *wie* etwas beschaffen ist). Zur Veranschaulichung könnte ein Kind aus der Gruppe beschrieben werden. Wählen Sie ein Kind aus (mit seiner Zustimmung), dem es nichts ausmacht, von den anderen beschrieben zu werden. Helfen Sie den Kindern dabei, Begriffe und Sätze zu formulieren, die das Kind beschreiben.

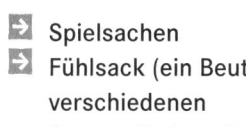
→ Spielsachen
→ Fühlsack (ein Beutel mit verschiedenen Gegenständen; die Kinder sollen die Objekte fühlen und hören, aber nicht sehen können)

▶ Kündigen Sie nun das Spiel an. Das Kind, das sich für die „Personenbeschreibung" zur Verfügung gestellt hat, darf anfangen. Alle anderen Kinder drehen dem Kind den Rücken zu und schauen in die entgegengesetzte Richtung. Geben Sie dem Kind ein Spielzeug. Das Kind beschreibt das Spielzeug in einfachen Worten. Dabei benennt es möglichst alle Eigenschaften, die man *sehen* kann. Unterstützen Sie das Kind dabei, die passenden Worte für Form, Größe, Farbe und Material zu finden.
▶ Die anderen Kinder versuchen zu erraten, um was es sich handelt. Das Kind, das als erstes die richtige Lösung nennt, darf in der nächsten Runde ein Spielzeug beschreiben.

Vertiefung

▶ Bereiten Sie einen Fühlsack vor. Die Kinder dürfen die Gegenstände ertasten und beschreiben, wie sie sich anfühlen.

Draußen

- Außenbereich, der sich zum Erkunden eignet
- Papier, ggf. Karton
- Zeichenmaterial
- ggf. Bilderbuch zum Thema Jahreszeiten

Lernerfahrungen

▶ Gedanken und Vorstellungen sprachlich ordnen und klären.
▶ Den Wortschatz erweitern.
▶ Klang und Bedeutung neuer Wörter kennenlernen und erproben.
▶ Über die Jahreszeiten sprechen.

Vorbereitung

▶ Je nach Wetter und Aufenthaltsort sollten die Kinder passend gekleidet sein.

Durchführung

▶ Gehen Sie mit den Kindern nach draußen. Sprechen Sie mit ihnen über ihre Eindrücke: *Wie kalt ist es? Wie warm? Scheint die Sonne? Ist der Himmel blau oder bewölkt? Hat es gerade geregnet? Woran kann man erkennen, ob es geregnet hat oder nicht? Kennt ihr den Namen der Jahreszeit?* Falls nicht, nennen Sie den Kindern die Namen aller Jahreszeiten und weisen Sie auf die aktuelle Jahreszeit hin.

▶ Erweitern Sie Ihre Fragen um Aspekte der Vergangenheit: *Könnt ihr euch an die vorangegangene Jahreszeit erinnern? Wie kalt oder warm war es? Wie war das Wetter? Wie sahen die Bäume aus? Gab es viele oder gar keine Blumen? Wie wart ihr angezogen? Welche Schuhe habt ihr getragen?*

▶ Fragen Sie nach der Zukunft: *Welche Jahreszeit kommt als nächste? Wie wird es dann draußen sein? Was werdet ihr dann anziehen? Was werdet ihr in dieser Jahreszeit tun?*

▶ Bemühen Sie sich darum, dass die Kinder über die Unterschiede zwischen den Jahreszeiten nachdenken. Manche Kinder sind sich vielleicht dieser Unterschiede noch nicht bewusst. Verwenden Sie so viele sachgerechte Begriffe wie möglich.

Vertiefung

▶ Gestalten Sie ein „Jahreszeitenbuch", das alle Eigenschaften der Jahreszeiten enthält, die den Kindern einfallen.
▶ Schauen Sie ein Bilderbuch zum Thema „Jahreszeiten" an.
▶ Spielen Sie ein „Jahreszeiten-Spiel": Geben Sie den Namen einer Jahreszeit vor. Die Kinder erzählen Ihnen, was sie darüber wissen.

Snack-Song

Lernerfahrungen

▶ Rhythmen erkunden und erproben.

Vorbereitung

▶ Singen Sie mit den Kindern das französische Kinderlied *Bruder Jakob*
(Kanon), damit sie mit der Melodie vertraut werden.

Durchführung

▶ Bitten Sie die Kinder, zu der Melodie von *Bruder Jakob* einen eigenen Text
zu erfinden, der Naschereien oder beliebte Gerichte zum Thema hat.
Beschränken Sie sich auf einen schlichten Inhalt (zum Beispiel Pommes
frites oder Pizza), um die Aufgabe einfach zu gestalten.

▶ Geben Sie mit Trommelstöcken den Rhythmus der ersten Liedzeile vor
(vier Takte). Bitten Sie die Kinder, Wörter zu finden, die zu der Zeile
passen.

▶ Gehen Sie das Lied Zeile für Zeile durch.

▶ Am Ende sollten Sie zu einem Ergebnis kommen wie

Bunte Früchte, bunte Früchte,
Gemüse fein, Gemüse fein,
Kartoffeln, Fisch und Milch,
Kartoffeln, Fisch und Milch,
sind gesund, sind gesund.

oder

Tunfisch-Pizza, Tunfisch-Pizza,
Pommes frites, pommes frites,
Würstchen und Spagetti,
Würstchen und Spagetti,
Erdbeereis, Erdbeereis.

Vertiefung

▶ Wenden Sie dasselbe Verfahren für andere bekannte
Kinderlieder an, wie zum Beispiel *Alle meine Entchen.*

Naturobjekte sammeln

Lernerfahrungen

▶ Gedanken und Vorstellungen sprachlich ordnen und klären.
▶ Den Wortschatz erweitern.
▶ Klang und Bedeutung neuer Wörter kennenlernen.
▶ Über Naturobjekte sprechen.

Vorbereitung

▶ Bei Aktivitäten im Freien sollten die Kinder dem Wetter entsprechend gekleidet sein.
▶ Wanderungen und Besuche außerhalb der Einrichtung erfordern eventuell zusätzliche Hilfe durch Erwachsene.

Durchführung

▶ Erklären Sie den Kindern das Vorhaben. Sie werden eine Naturwanderung unternehmen, um Naturobjekte zu sammeln und im Gruppenraum auszustellen.
▶ Regen Sie die Kinder an, ihre Umgebung zu beobachten und sich dazu zu äußern. Sammeln Sie interessante jahreszeitliche Naturobjekte, etwa Kastanien, Eicheln oder Brombeeren im Herbst; Wildblumen im Sommer.
▶ Ermuntern Sie die Kinder, im Anschluss an eine Wanderung die Dinge zu zeichnen, die sie gesehen oder mitgebracht haben. Finden Sie gemeinsam Überschriften für die Zeichnungen. Stellen Sie die Fundsachen und die Bilder der Kinder aus.

Vertiefung

▶ Halten Sie die neuen Begriffe, die die Kinder kennengelernt haben, in einer Liste fest. Regen Sie die Kinder dazu an, für jedes neue Wort ein Bild zu malen. Hängen Sie die Zeichnungen zu den übrigen Arbeitsergebnissen.

➡ Tragetasche
➡ dünner Karton
➡ Bleistifte
➡ Papier
➡ Buntstifte
➡ Filzstifte

❗ Wichtig: Ausreichende Anzahl erwachsener Begleitpersonen.

Ich fahre im Bus und sehe ...

Lernerfahrungen

▶ Auditives Gedächtnis trainieren.

Vorbereitung

▶ Die Kinder sitzen als Gruppe zusammen und sind bereit, konzentriert zuzuhören.

Durchführung

▶ Dieses Spiel ist eine Variante von „Ich packe meinen Koffer und ich nehme mit ...". Beginnen Sie das Spiel, indem Sie zum Beispiel sagen: *Ich fahre im Bus und sehe viele Häuser (oder Menschen, ein Kaufhaus, Bäume usw.).* Anschließend ist ein Kind an der Reihe. Es wiederholt zunächst, was Sie gesagt haben, und fügt dann seinen eigenen Beitrag hinzu.

▶ Eines nach dem anderen sagen die Kinder, was sie aus einem Busfenster sehen könnten. Dabei hören sie konzentriert zu, um die Reihenfolge im Gedächtnis zu behalten und um nicht etwas zu vergessen. Wenn die Aufzählung so lang wird, dass die Kinder das Spiel abbrechen müssen, wird eine neue Spielrunde gestartet.

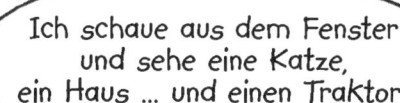

Vertiefung

▶ Dieses Spiel kann in zahllosen Varianten gespielt werden. Sie brauchen sich nur neue Anlässe auszudenken, zum Beispiel:

  ▷ *Zu meinem Geburtstag wünsche ich mir ...*
  ▷ *Ich gehe in den Zoo und sehe ...*
  ▷ *Im Spielzeugladen gibt es ...*

▶ Beginnen Sie eine Spielrunde, in der die Kinder sagen, was sie mit ihren Gliedmaßen und Körperteilen tun können: *Ich kann ...*

Musikinstrumente basteln

Lernerfahrungen

▶ Intensiv zuhören.
▶ Klänge und Geräusche erkunden und erproben.
▶ Auditive Wahrnehmung trainieren.

Durchführung

▶ Erklären Sie den Kindern, dass sie mit ihnen Musikinstrumente basteln möchten. Zeigen Sie ihnen die mitgebrachten Materialien. Fragen Sie die Kinder nach ihren Ideen. Betrachten Sie diese Aktivität als Problemlösungsprozess: Die Kinder entwickeln eigene Ideen und erproben, ob sie funktionieren.
▶ Nutzen Sie die Materialien, um verschiedene Klänge und Geräusche zu erzeugen:
 ▷ Joghurtbecher oder Holzstäbe aneinanderschlagen.
 ▷ Rassel: getrocknete Samen oder kleine Kieselsteine in einen Joghurtbecher füllen. Einen zweiten Joghurtbecher darauf setzen. Beide Becher mit Klebeband fest verbinden.
 ▷ Auf verschiedenen Behältern trommeln.
 ▷ Zupfinstrumente: Schnüre oder Gummibänder über ein Stück Holz spannen.
 ▷ Flaschen und Einmachgläser verschieden hoch mit Wasser füllen, mit Bleistift oder Holzstab anschlagen.
 ▷ Sandpapier auf zwei Holzklötze kleben und aneinanderreiben.
 ▷ Acht dünne Holzleisten unterschiedlicher Länge an einen Stock hängen, einen Holzstab daran entlangziehen.
 ▷ Schraubverschlüsse an einen Holzstab binden und schütteln.
 ▷ Holz- und Metallstücke aneinanderschlagen.

Vertiefung

▶ Können die Kinder unterschiedliche Klänge mit Worten beschreiben?
▶ Können sie leise und laute Klänge erzeugen?
▶ Können sie hohe und tiefe Töne spielen?
▶ Welche Geräusche würden sie verwenden, um eine Maus, ein Monster, einen Elefanten usw. darzustellen?

Materialien

→ Joghurtbecher
→ Holzstäbe
→ getrocknete Samen (z. B. Soja- oder Mungbohnen, Erbsen, Reiskörner usw.)
→ kleine Kieselsteine
→ Klebeband
→ Flaschen und Einmachgläser
→ Wasser
→ Schraubverschlüsse
→ Schnur
→ Gummibänder
→ Dosen
→ Sandpapier
→ Holzstücke
→ Klebstoff
→ dünne Holzleisten
→ Gegenstände aus Metall

Geräusche raten

Lernerfahrungen

▸ Intensiv zuhören.

▸ Geräusche erkunden und erproben.

▸ Auditive Wahrnehmung trainieren.

Vorbereitung

▸ Nehmen Sie viele verschiedene Geräusche auf Kassette auf,
zum Beispiel:
  ▷ Geschirr spülen,
  ▷ laufender Wasserhahn,
  ▷ Briefumschlag öffnen,
  ▷ mit Zeitungspapier rascheln,
  ▷ Würstchen braten,
  ▷ Vogelzwitschern,
  ▷ Miauen einer Katze,
  ▷ Flugzeug,
  ▷ vorbeifahrende Autos,
  ▷ Fahrradklingel.
  Kinder kennen unzählige Alltags- und Umweltgeräusche, meistens ohne
  sie bewusst zu hören. Lassen Sie nach jeder Aufnahme eine kurze
  Pause, damit die Geräusche nicht zu dicht aufeinander folgen.

▸ Die Kinder sitzen bei dieser Aktivität als Gruppe zusammen und hören
  ruhig und konzentriert zu.

⮕ Kassettenrecorder
⮕ Leerkassette

Durchführung

▸ Sagen Sie den Kindern, dass Sie ihnen eine besondere Kassette
  vorspielen werden. Die Kinder haben die Aufgabe, aufmerksam
  zuzuhören. Abwechselnd können sich die Kinder zu Wort melden, um zu
  sagen, welches Geräusch es ist. Spielen Sie das erste Geräusch vor und
  halten Sie die Kassette dann an. Bitten Sie die Kinder um Vorschläge.
  Spulen Sie die Kassette zurück und spielen Sie die Aufnahme noch
  einmal vor. *Hat sich eure Vermutung bestätigt? Oder war sie falsch?*
  Könnte das Geräusch von etwas ganz anderem erzeugt worden sein?

▸ Wiederholen Sie diese Arbeitsschritte mit den anderen Geräuschen.

Vertiefung

▸ Erkunden Sie gemeinsam mit kleinen Gruppen die nähere Umgebung
  (Gruppenraum, Gebäude, Außenbereich). Lauschen Sie den
  Umgebungsgeräuschen und wählen Sie Geräusche aus, die sich für eine
  Aufnahme eignen. Das selbsterstellte Band wird dann den anderen
  Kindern der Gruppe vorgespielt.

▸ Nehmen Sie auch Geräusche auf, die Sie in anderen Lernbereichen
  nutzen können.

Klangkette

Lernerfahrungen

▶ Intensiv zuhören.

▶ Klänge erkunden und erproben.

▶ Auditive Wahrnehmung trainieren.

→ verschiedene Instrumente, z. B. Glockenspiele, Glocken, Tamburin, Klangstäbe, Regenmacher, Rasseln, Triangeln usw.

Durchführung

▶ Die Kinder sitzen ruhig als Gruppe zusammen und sind bereit, konzentriert zuzuhören. Die Instrumente liegen vor ihnen.

▶ Sagen Sie den Kindern, dass sie bei diesem Spiel reihum auf den Instrumenten spielen dürfen. Wählen Sie ein Kind aus, das sich vor die Gruppe stellt. Das Kind nimmt eines der Instrumente und spielt darauf einen Klang (ein Trommelschlag, ein Glockenklang usw.). Dann setzt es sich hin.

▶ Bestimmen Sie ein zweites Kind. Dieses Kind wiederholt den ersten Klang. Dann wählt es ein weiteres Instrument und spielt darauf einen Klang. Das nächste Kind spielt die ersten beiden Klänge und fügt einen dritten Klang hinzu. Jedes Kind, das an die Reihe kommt, setzt die Klangkette fort.

▶ Dieses Spiel erfordert viel Konzentration. Wenn die Klangkette so lang wird, dass die Kinder die Reihenfolge der Instrumente nicht mehr einhalten können, beginnt das Spiel von neuem (mit anderen Kindern und anderen Instrumenten).

Vertiefung

▶ Teilen Sie die Gruppe in „Orchester" und „Zuhörer". Geben Sie jedem Kind in der Orchestergruppe ein Musikinstrument. Die Kinder spielen ihre Instrumente der Reihe nach. Die Zuhörergruppe konzentriert sich auf die Reihenfolge der Klänge. Können die Zuhörer das Orchester anschließend so dirigieren, dass es dieselbe Klangfolge spielt?

Ähnliche Aktivitäten

▶ Vormachen – nachmachen (siehe S. 39)

Sprache und Verständigung

Puppenspiel

Lernerfahrungen

▶ Gedanken sprachlich strukturieren und erklären.
▶ Wortschatz erproben.

Vorbereitung

▶ Legen Sie die Materialien an leicht zugänglicher Stelle bereit. Die Kinder sollten die Materialien betrachten und eine eigene Auswahl treffen können.

Durchführung

▶ Erklären Sie den Kindern die Aufgabe: Jedes Kind soll eine Stabpuppe basteln. Anschließend wird gemeinsam ein Puppenspiel aufgeführt. Besprechen Sie mit den Kindern die Handlung des Puppenspiels: *Was könnte gespielt werden? Welche Rolle soll welche Puppe übernehmen?*
▶ Jedes Kind erhält einen Pappteller für den Puppenkopf. Gesicht und Haare der Puppe werden aus verschiedenen Materialien gestaltet (zeichnen, ausschneiden, aufkleben).
▶ Rollen Sie Kartonstücke in Längsrichtung zusammen, um Stäbe für die Puppen herzustellen. Die Stäbe werden an die Rückseite der Pappteller geklebt. Helfen Sie den Kindern, Stoff für die Bekleidung der Puppe auszuwählen. Befestigen Sie die Kleider mit Gummiband am Stab unterhalb des Gesichts der Puppe.
▶ Die Puppe wird am Stab – unter dem Kleid – gehalten und beim Puppenspiel bewegt.

Vertiefung

▶ Lassen Sie die Kinder in kleinen Gruppen eine einfache Handlung erarbeiten, die sie den anderen Kindern vorführen.
▶ Puppen (oder Stofftiere) helfen Kindern oft, sich sprachlich auszudrücken. Sie lassen dann ihre Puppen an ihrer Stelle sprechen. Nutzen oder schaffen Sie Gelegenheiten, bei denen die Kinder sich „durch ihre Puppen" äußern können.

Variationen

▶ Laden Sie die Familien der Kinder zu einer Puppenspielaufführung ein.

→ Pappteller
→ Klebeband
→ dünner Karton
→ Stoffreste
→ Wolle
→ Glimmer
→ Knöpfe
→ Filzstift
→ Gummibänder
→ Scheren

! Beim Umgang mit Scheren erhöhte Vorsicht walten lassen.

Stell dir vor ...

→ Pappteller
→ Zeichenzubehör
→ Puppen

Lernerfahrungen

▶ Klar, deutlich und mit Selbstvertrauen sprechen.

▶ Sprache nutzen, um sich eigener Gefühle bewusst zu werden.

Vorbereitung

▶ Denken Sie sich vor Beginn der Aktivitäten verschiedene Situationen aus, die im Rahmen des unten Beschriebenen einen Gesprächsanlass bieten.

▶ Die Kinder sitzen als Gruppe zusammen und sind bereit, aufmerksam zuzuhören.

Durchführung

▶ Sagen Sie den Kindern, dass Sie ihnen jetzt einige kleine Geschichten erzählen. Sie sind gespannt, was die Kinder dazu sagen werden.

▶ Geben Sie verschiedene kurze Situationsbeschreibungen vor, auf die die Kinder reagieren können. Beispiel: *Stell' dir vor, es ist Wochenende und du hast deine beste Freundin oder deinen besten Freund zu dir nach Hause zum Spielen eingeladen. Du hast dich schon lange auf seinen oder ihren Besuch gefreut. Du hast dir Spiele ausgedacht und alle Spielsachen bereitgelegt. Dann – gerade als es Zeit für ihren oder seinen Besuch ist – ruft ihre oder seine Mutter an und sagt ab. Zeige mir, wie du dich fühlen würdest.*

▶ Jedes Kind zeigt seine Gefühle durch Gesichtsausdruck, Gesten und Körpersprache. (Manche Kinder verfügen über ein lebhaftes Vorstellungsvermögen – eventuell brauchen sie einen Hinweis, um ihre „Enttäuschung" wieder „ablegen" zu können.) Wählen Sie anschließend Kinder aus, die bereit sind, freiwillig über ihre Gefühle zu *sprechen*.

▶ Wiederholen Sie diese Schritte anhand mehrerer Situationsbeschreibungen: ein unerwartetes Geschenk bekommen; an einen Ort gehen, den man für unerreichbar gehalten hat; Besuch bekommen von jemandem, den man besonders gern hat usw. Fordern Sie die Kinder auf, ihre Gefühle in Worte zu fassen.

Vertiefung

▶ Die Kinder malen auf Pappteller Gesichter, die verschiedene Gefühle ausdrücken.

▶ Anhand von Puppen spielen die Kinder die Situationsbeschreibungen nach. Sie lassen die Puppen an ihrer Stelle über ihre Gefühle und Gedanken sprechen.

Kreisspiel

Lernerfahrungen
▶ Gedanken und Vorstellungen strukturieren, ordnen und klären.
▶ Fortgesetzt aufmerksam zuhören.

Vorbereitung
▶ Die Kinder sitzen im Kreis und sind bereit, konzentriert zuzuhören.

Durchführung
▶ Erklären Sie den Kindern das Spiel: Sie reichen ein Spielzeug herum. Jedes Kind sagt etwas jeweils Neues zu dem Spielzeug. Alle Kinder hören konzentriert zu, um nicht zu wiederholen, was bereits gesagt worden ist.
▶ Geben Sie ein Beispiel vor: Sie halten zum Beispiel eine Puppe in der Hand. Sagen Sie: *Das ist eine Puppe.* Reichen Sie sie an ein Kind weiter, das neben Ihnen sitzt. Das Kind sagt: *Die Puppe hat Locken.* Anschließend reicht es sie weiter.
▶ Sollte den Kindern nichts mehr zu der Puppe einfallen, können Sie mit kleinen Tipps weiterhelfen. Hat sich ein Gegenstand erschöpft, wird das Spiel mit einem neuen Spielzeug fortgesetzt.

Vertiefung
▶ Steigern Sie den Schwierigkeitsgrad des Spiels: Fordern Sie die Kinder auf, alle vorangegangenen Aussagen zu dem Spielzeug in der korrekten Reihenfolge aufzuzählen, bevor sie ihren eigenen Beitrag formulieren.
▶ Statt eines Spielzeugs können Sie auch andere Gegenstände – zum Beispiel aus anderen Lernbereichen – verwenden (etwa ein Musikinstrument oder ein Teil von einem Spiel).

Ähnliche Aktivitäten
▶ Ich fahre im Bus und sehe …
(siehe S. 47)

> → Eine Auswahl an Spielsachen und anderen Gegenständen.

Fingerreime

Lernerfahrungen

▶ Reime und Bewegung erkunden und erproben.

▶ Bewusst auf den Klang von Wörtern hören.

▶ Selbstvertrauen im Spiel mit Sprache entwickeln.

▶ Reime mit Bewegung verbinden.

Vorbereitung

▶ Die Kinder sitzen so, dass sie die Gruppenleiterin hören und sehen können.

Durchführung

▶ Bei der Einführung neuer Reime sollte zunächst nur der Text geübt werden. Erst danach werden die dazugehörigen Bewegungen hinzugefügt. Besprechen Sie jede einzelne Handlung mit den Kindern. Gehen Sie die Reime und Bewegungen mehrmals langsam durch. Ermuntern Sie die Kinder dazu, mitzumachen und Worte und Bewegungen nachzuahmen. Mit den Wiederholungen wachsen Geläufigkeit und Spaß am Spiel.

Vertiefung

▶ Das Reimrepertoire sollte kontinuierlich erweitert werden.

Interkulturelle Aspekte

▶ Versuchen Sie, Reime aus anderen Kulturkreisen in das Repertoire der Gruppe aufzunehmen.

Variationen

▶ Geben Sie die Reime, die in Ihrer Gruppe gelernt werden, an interessierte Eltern weiter.

➡ Textbeispiele auf S. 168, z. B. *Zehn kleine Wassermänner, Das ist der Daumen, Was müssen das für Bäume sein, Himpelchen und Pimpelchen ...*

➡ weitere Beispiele in: *Dorothée Kreusch-Jacob: Da hüpft der Frosch den Berg hinauf (dtv)*

Frage und Antwort

Lernerfahrungen

▶ Reime erlernen und sprechen.

▶ Grundregeln von Gesprächen kennenlernen.

Vorbereitung

▶ Üben Sie vorab die entsprechenden Reime in gesonderten Aktivitäten ein.

> ⏵ Eine Auswahl von Reimen in Frage-Antwort-Form, z. B. aus dem Buch: *Dorothée Kreusch-Jacob: Da hüpft der Frosch den Berg hinauf (dtv)*

Durchführung

▶ Erklären Sie den Kindern das Spiel: gemeinsam Reime sprechen oder singen, in denen Fragen gestellt und Antworten gegeben werden. Dabei arbeiten die Kinder in zwei Gruppen.

▶ Bestimmen Sie die Gruppeneinteilung. Helfen Sie den Kindern dabei, die jeweiligen Reime zu sprechen oder zu singen und sich dabei abzuwechseln.

Vertiefung

▶ Haben die Kinder Reimwörter erkannt?

▶ Tauschen Sie die Gruppen. Welche Gruppe stellt nun die Fragen, welche gibt die Antworten?

Tanzlied der Tiere

Lernerfahrungen
▶ Mit Reimen kreativ umgehen.
▶ Sprache mit Bewegung verbinden.

Vorbereitung
▶ Hören Sie mit den Kindern mehrfach das Lied an.

Durchführung
▶ Sprechen Sie den Text langsam vor. Ermuntern Sie die Kinder, die Tiere und ihre Bewegungen im Tanz darzustellen. Die Kinder hören genau zu, während Sie sprechen.
▶ Lassen Sie die Kinder zur Musik tanzen.

➜ Text (und Noten) des Kinderliedes *Tanzlied der Tiere* von Detlef Jöcker auf S. 174, auf CD oder MC erhältlich: *Und weiter geht's im Sauseschritt*, Menschkinder, Münster

➜ weitere Anregungen in: *Dorothée Kreusch-Jacob: Da hüpft der Frosch den Berg hinauf (dtv)*

➜ ausreichend Platz
➜ Papier
➜ Farben
➜ Pinsel

Vertiefung
▶ Die Kinder malen zum Lied Bilder. Die Ergebnisse werden aufgehängt.

Sprache und Verständigung

Das Lied von den Gefühlen

Lernerfahrungen

▶ Mit Reimen kreativ umgehen.

▶ Sprache mit Bewegung verbinden.

Vorbereitung

▶ Singen Sie mit den Kindern mehrfach das *Lied von den Gefühlen*.

Durchführung

▶ Schlagen Sie den Kindern vor, den Liedtext nachzuspielen. Vorher wird jede Bewegung einzeln geübt. Zu Beginn sitzen die Kinder im Schneidersitz auf dem Boden. Sie stellen pantomimisch dar, wie sie sich in den beschriebenen Situationen fühlen.

▶ Sprechen Sie den Text langsam vor und schlagen Sie dazu einen ruhigen Rhythmus auf dem Tamburin. Während Sie sprechen, spielen die Kinder die einzelnen Strophen nach.

> ⇨ *Klaus W. Hoffmann: Wenn ich glücklich bin.* Text und Noten auf S. 176
> ⇨ ausreichend Platz
> ⇨ Trommel oder Tamburin

Vertiefung

▶ Achten Sie auf Kinder, denen es noch schwerfällt, einem Rhythmus zu folgen. Geben Sie zusätzliche Hilfen.

▶ Bestärken Sie die Kinder darin, ihre Bewegungen aufmerksam und bewusst auszuführen.

Das Flummilied

Lernerfahrungen

▶ Sprache mit Bewegung verbinden.

▶ Bezeichnungen für Körperteile üben.

Durchführung

▶ Üben Sie mit den Kindern das Lied. Es handelt sich um ein Mitmach-Lied, das aus einem Refrain mit variablen Strophen besteht. In jeder Liedstrophe wird eine bestimmte Handlung oder Bewegung (zum Beispiel Kopf wackeln, tanzen wie ein Flummi usw.) genannt, die die Kinder mitvollziehen. Die Kinder gehen während der ersten zwei Liedzeilen (Refrain) im Kreis herum. Dann bleiben sie stehen, drehen sich zur Kreismitte und vollführen die genannte Bewegung. Die Anzahl der Wiederholungen ist variabel.

Variation

▶ Das Lied *Als ich ein Baby war* (oder auch *Kannst du Faxen machen?*) eignet sich, um mit den Kindern zum Beispiel die Bezeichnungen von Körperteilen oder bestimmte Bewegungsabläufe zu üben. Sie können weitere Aktivitäten ergänzen, zum Beispiel: *Gesicht waschen, Zähne putzen, Haar kämmen, Schultern zucken, mit den Händen winken, Zunge herausstrecken, Kopf beugen* oder anderes mehr.

Vertiefung

▶ Geben Sie weiträumige Bewegungen vor, wie zum Beispiel graben, springen, klettern, auf Zehenspitzen laufen usw.

▶ Nutzen Sie die Gesichtsmotorik (Lächeln, Weinen, Ärger usw.), damit sich die Kinder ihrer mimischen Ausdrucksmöglichkeiten bewusst werden.

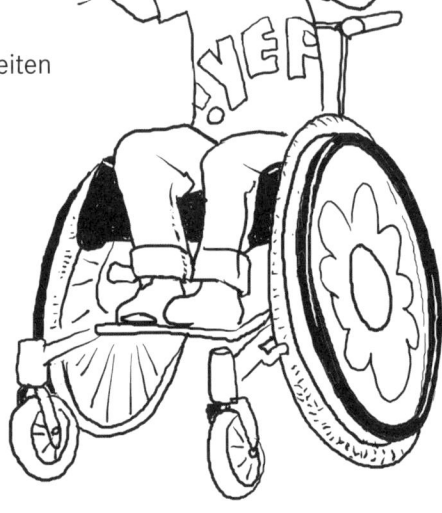

→ Text (und Noten) des Kinderliedes *Das Flummilied* von *Detlef Jöcker* auf S. 175, auf CD oder MC erhältlich: *Und weiter geht's im Sauseschritt. Menschkinder, Münster*

→ ggf. Variante: Lied *Als ich ein Baby war* von *Rolf Zuckowski,* auf CD oder MC erhältlich: *Der Spielmann* oder *Kannst du Faxen machen?* von *Klaus W. Hoffmann,* in: *Wenn der Elefant in die Disco geht. Ravensburger, 14. Auflage 1994, CD bei Patmos*

Sprache und Verständigung

Wetterbericht

Lernerfahrungen

▶ Wortschatz erweitern (hier: Wetter).

Vorbereitung

▶ Üben Sie mit den Kindern den Spruch zum Gewitter:
Das Gewitter
Es tröpfelt,
es regnet,
es prasselt,
es hagelt,
es donnert,
es blitzt.
Alle Kinder laufen schnell nach Haus.

➡ Papier
➡ Zeichen- und Malutensilien
➡ Perkussionsinstrumente

❗ Gehen Sie mit Fingerspitzengefühl vor – manche Kinder fürchten sich vor Gewitter.

Durchführung

Die Kinder sitzen im Kreis:

▷ es tröpfelt → *mit den Fingern tippsen,*
▷ es regnet → *feste mit den Fingern trommeln,*
▷ es prasselt → *mit den flachen Händen trommeln,*
▷ es hagelt → *mit den Fäusten trommeln,*
▷ es donnert → *mit den Füßen trampeln,*
▷ es blitzt → *in die Hände klatschen.*

▶ Fordern Sie die Kinder auf, weitere Wörter für „regnen" zu finden.
Tipps: *in Strömen gießen, nieseln, Regenschauer* usw.

▶ Welche Wörter beschreiben das Donnern bei einem Gewitter?
Beispiele: *grollen, rumpeln, knallen, Donnerschlag* usw.

Vertiefung

▶ Die Kinder malen „Wetterbilder". Versehen Sie die Bilder mit passenden Überschriften.
▶ Erstellen Sie ein Wetterbuch.
▶ Setzen Sie Perkussioninstrumente zur Begleitung ein.

 Sprache und Verständigung

Quatschwörter

Lernerfahrungen

▶ Zuhören und herausfinden, welche Wörter sich reimen.
▶ Den Klang von Wörtern erkunden und erproben.

Vorbereitung

▶ Die Kinder sitzen als Gruppe zusammen und sind bereit, aufmerksam zuzuhören.

Durchführung

▶ Erklären Sie den Kindern das Spiel: Es heißt „Quatschwörter". Sie geben ein Wort vor. Die Kinder finden so viele Wörter wie möglich, die am *Wortende* genauso *klingen*. Nennen Sie ein Wortpaar wie *Haus* und *Maus*. Regen Sie die Kinder an, genau auf den Wortklang zu hören. Welcher Wortteil klingt gleich, welcher klingt verschieden? Nennen Sie ein anderes Reimpaar wie *Sand – Wand*. Lassen Sie die Kinder wieder genau auf gleich klingende und verschieden klingende Wortteile achten.

Beispiele für Wortendungen in einsilbigen Reimwörtern:

au	*blau, grau*	*att*	*Blatt, glatt*
ei	*zwei, drei*	*ut*	*Mut, Hut*
iel	*Spiel, viel*	*ell*	*Fell, schnell*
isch	*Tisch, Fisch*	*aum*	*Baum, Traum*
ett	*Bett, nett*	*ind*	*Kind, Wind*
ach	*Dach, Bach*	*oß*	*groß, Schoß*
eh	*Zeh, Reh*	*uss*	*Schuss, Kuss*
und	*Hund, Mund*		

▶ Fragen Sie die Kinder, wie viele Wörter ihnen mit der Endung *ei* einfallen. Wenn ihnen die Ideen ausgehen, dürfen sie sich „Quatschwörter" ausdenken.

Vertiefung

▶ Erklären Sie den Kindern, dass sich Wörter, die am Ende gleich klingen, reimen. Man nennt sie auch *Reimwörter*.
▶ Fordern Sie die Kinder auf, weitere Reimwörter zu finden.
▶ Wiederholen Sie dieses Spiel oft mit verschiedenen Wortendungen.
▶ Binden Sie dieses Spiel bei Aktivitäten in anderen Lernbereichen ein. Beispiel: Kochaktivität – der Herd ist *heiß. Heiß* reimt sich auf *weiß* usw.

Ähnliche Aktivitäten

▶ Meine Name reimt sich auf … (siehe S. 65)

Sprache und Verständigung

Alle machen mit

Lernerfahrungen

▶ Liedern und Reimen zuhören.

▶ In Lieder und Reime einstimmen.

▶ Einfache Texte für Lieder und Reime erfinden.

▶ Reime mit Bewegung verbinden.

Vorbereitung

▶ Üben Sie mit den Kindern den folgenden Reim ein:
Wir klatschen in die Hände,
wir klatschen in die Hände,
wir klatschen in die Hände,
und alle machen mit.

ausreichend Platz

Durchführung

▶ Die Kinder sitzen oder stehen im Kreis. Fragen Sie die Kinder, was sie
tun können, außer zu klatschen. Jedes Kind darf einen Vorschlag machen
(zum Beispiel *mit den Füßen stampfen, sich hinsetzen und aufstehen, sich
umdrehen, in die Hocke gehen, sich hochstrecken, die Hände umeinander-
drehen, auf Zehenspitzen gehen* usw.). Ermuntern Sie die Kinder dazu,
jedes Mal etwas Neues vorzuschlagen.

Vertiefung

▶ Lassen Sie die Kinder das Spiel abwechselnd anführen.

▶ Nutzen Sie den Reim, um mit den Kindern bestimmte Bewegungen,
Raumorientierung usw. zu üben.

Reime erfinden

Lernerfahrungen

▶ In bekannte Reime einstimmen und eigene Variationen erfinden.

Vorbereitung

▶ Singen oder sprechen Sie mit den Kindern einen vertrauten Reim.

Durchführung

▶ Erklären Sie den Kindern, dass sie eigene Reime erfinden dürfen. Beginnen Sie zunächst mit nur einem Reimwort in einem bekannten Reim und ermuntern Sie die Kinder dazu, es durch ein Wort zu ersetzen, das sich reimt. Der übrige Text wird an das neue Wort angepasst.

> *Backe, backe Kuchen,*
> *der Bäcker will's versuchen,*
> *er muss haben tausend Sachen ...,*

wird zu:

> *Backe, backe Plätzchen,*
> *der Bäcker ist ein Schätzchen ...*

▶ Im nächsten Schritt werden zunehmend andere Wörter durch neue Wörter ersetzt, die sich nicht reimen. Dann werden weitere Wörter daran angepasst. Setzen Sie dieses Verfahren fort, bis ein ganz neuer Reim entstanden ist, zum Beispiel:

Fahre, fahre Wagen,
der Fahrer will was sagen ...

▶ Um mit den Kindern auf diese Weise einen neuen Reim zu entwickeln, sind mehrere Schritte nötig.

Vertiefung

▶ Stellen Sie die neuen Reime auf Postern dar (in einfachen Skizzen). Sprechen und singen Sie mit den Kindern „ihre" Reime anhand der Poster.
▶ Erstellen Sie ein eigenes Reimbuch.
▶ Nutzen Sie Reime auch in anderen Lernbereichen. Beispiel: Finden Sie Reimwörter zu Zahlwörtern.

➔ ein Reim, mit dem die Kinder vertraut sind, z. B. *Backe, backe Kuchen ...,* *Hänschen klein ...* – weitere Beispiel auf Seite 168 / 169.

➔ ggf. weitere Anregungen in dem Buch: *Dorothée Kreusch-Jacob, Da hüpft der Frosch den Berg hinauf* (dtv)

➔ Flipchart
➔ Filzstift

Reim-Lotto

Lernerfahrungen

▶ Kenntnis von Reimwörtern vertiefen.

Vorbereitung

▶ Die Vorlage von S. 165 wird farbig ausgemalt und auf Fotokarton kopiert. Zur besseren Haltbarkeit werden sie laminiert oder mit transparenter Klebefolie bezogen. Anschließend werden die Bildkarten ausgeschnitten.

Durchführung

▶ Verteilen Sie die Karten vor den Kindern auf einem Tisch. Betrachten Sie gemeinsam jede Karte. Stellen Sie sicher, dass die Kinder wissen, was auf den einzelnen Bildern dargestellt ist. Drehen Sie die Karten um, Bildseite nach unten. Jedes Kind darf eine Karte aufdecken und sagen, was auf dem Bild zu sehen ist. Anschließend deckt es eine zweite Karte auf und benennt wieder den dargestellten Gegenstand. Wenn die beiden Worte sich reimen, darf das Kind das Bildpaar behalten. Wer am Schluss die meisten Bildkarten gesammelt hat, hat gewonnen.

→ Bildvorlagen auf S. 165, oder beliebige andere Bildvorlagen
→ Zeitschriften, Postkarten, Kataloge usw. zum Ausschneiden
→ Scheren
→ Fotokarton
→ Klebstoff
→ Filzstift

❗ Bei der Arbeit mit Scheren ist Umsicht erforderlich.

Vertiefung

▶ Die Kinder versuchen, weitere Bilder zu finden (zum Beispiel in Zeitschriften, auf Postkarten, in Katalogen usw.), die dem Reim-Lotto hinzugefügt werden können.

Standbilder

Lernerfahrungen

▶ Kenntnis von Reimen vertiefen.

▶ Sprache mit Bewegung verbinden.

▶ Auditive Wahrnehmung trainieren.

Vorbereitung

▶ Für diese Aktivität brauchen die Kinder einige Erfahrung mit Reimwörtern.

Durchführung

▶ Die Kinder stehen im Raum verteilt. Alle haben genügend Platz für großräumige Bewegungen.

▶ Spielregeln: Suchen Sie gemeinsam mit den Kindern nach einem geeigneten Wort, zum Beispiel *Haus*. Rufen Sie ein Wort (entscheiden Sie vorab, ob es sich auf das Ausgangswort reimen soll oder nicht). Wenn sich das Wort reimt, bewegen sich die Kinder auf der Stelle (sich drehen, Arme schwingen, hüpfen, auf der Stelle laufen usw.). Wenn sich das Wort nicht reimt, erstarren die Kinder mitten in der Bewegung zu „Standbildern". Ermuntern Sie die Kinder dazu, sich auf möglichst vielfältige Weise zu bewegen. Wer bei einem Reimwort zu einem „Standbild" erstarrt, scheidet aus. Wer sich bei einem Wort weiterbewegt, das sich nicht reimt, scheidet ebenfalls aus. Wenn sich Ihr Vorrat an Reimwörtern erschöpft hat, beginnen Sie eine neue Spielrunde mit einem anderen Ausgangswort.

Vertiefung

▶ Die Kinder dürfen abwechselnd das Spiel anführen (eventuell mit Ihrer Hilfe).

Ähnliche Aktivitäten

▶ Quatschwörter (siehe S. 60)

ausreichend Raum für Bewegung

Mein Name reimt sich auf ...

Lernerfahrungen

▶ Auf Laute in Worten achten.

▶ Mit Reimen spielerisch umgehen.

Vorbereitung

▶ Die Kinder sollten bereits Erfahrung mit Reimen haben.

▶ Gehen Sie vor der Aktivität die Namen der Kinder durch und suchen Sie nach geeigneten Reimwörtern. Es ist nicht erforderlich, dass die Reime inhaltlich sinnvoll sind – wichtig ist, dass die Kinder Reime als gleichklingende Worte erkennen.

Durchführung

▶ Die Spielidee besteht darin, Wörter zu finden oder zu erfinden, die sich auf die Namen der Kinder reimen. Falls sich Ihr Name leicht mit anderen Wörtern reimt, kann er als Beispiel dienen, zum Beispiel *„Ich heiße Frau Baum und mein Name reimt sich auf Traum"*. Finden Sie mit den Kindern heraus, ob sich ihre Namen auf ein Wort reimen. Falls es zu dem Rufnamen keinen Reim gibt, kann vielleicht zu dem zweiten Vornamen oder Nachnamen ein passendes Wort gefunden werden. Passt einer der Namen zu vielen Reimwörtern, dürfen die Kinder so viele Reime nennen, wie ihnen einfallen. Versuchen Sie, einen besonders passenden oder lustigen Reim zu finden.

Ich heiße Lotte, das reimt sich auf Motte.

Vertiefung

▶ Zum Schluss wird gezählt, wie viele Reime die Kinder im Gedächtnis behalten haben.

▶ Fragen Sie die Kinder hin und wieder, ob sie sich erinnern können, auf welche Wörter sich ihr Name reimt.

Ähnliche Aktivitäten

▶ Quatschwörter (siehe S. 60)

Sprechen und klatschen

Lernerfahrungen

▶ Sprechrhythmen erkunden.

▶ Wortsilben betonen.

Durchführung

▶ Aufgabe: Sie klatschen mit den Händen den Namen eines Kindes; die Kinder hören konzentriert zu, um herauszufinden, wessen Name es ist. Geben Sie ein Beispiel vor: Klatschen Sie Ihren eigenen Namen. Lassen Sie die Kinder den richtigen Namen heraushören. Wiederholen Sie den Klatschrhythmus jedes Mal, wenn ein Kind falsch geraten hat. Versuchen Sie, am Gesichtsausdruck der Kinder abzulesen, wer den Namen erkannt hat und wer nicht. Geben Sie zum Schluss Ihren Namen preis. Klatschen Sie Ihren Namen noch einmal. Die Kinder klatschen mit.

▶ Wiederholen Sie dieselben Arbeitsschritte. Wählen Sie dafür den Namen eines Kindes.

▶ Bitten Sie ein Kind, seinen eigenen Namen zu klatschen. Die anderen Kinder hören aufmerksam zu. Hat das Kind seinen Namen im richtigen Rhythmus geklatscht?

▶ Spielen Sie dieses Spiel möglichst oft.

Vertiefung

▶ Wenn die Kinder dieses Spiel sicher beherrschen, können Sie es erweitern: Klatschen Sie im Rhythmus eines bekannten Kinderreimes. Die Kinder versuchen, den Reim zu erraten.

▶ Klatschen Sie gemeinsam im Rhythmus eines vertrauten Reims.

Ähnliche Aktivitäten

▶ Vormachen – nachmachen (siehe S. 39)

Reimwörter finden

Lernerfahrungen
▶ Reimwörter erkennen.
▶ Reime finden und Wörter erkennen, die sich nicht reimen.

Vorbereitung
▶ Wappnen Sie sich mit möglichst vielen Reihen von Reimwörtern. Fügen Sie jeder Reihe ein Wort hinzu, das sich nicht mit den anderen Wörtern reimt (siehe Beispiele unten).
▶ Die Kinder sitzen ruhig und sind bereit, aufmerksam zuzuhören.

→ Fotokarton
→ Bilder aus Zeitschriften
→ Stift

Durchführung
▶ Sprechen Sie die einzelnen Wörter langsam und deutlich vor. Die Kinder haben die Aufgabe, das Wort herauszuhören, das sich nicht mit den anderen Wörtern reimt.
▶ Variieren Sie die Reihenfolge der Wörter (das Wort, das sich nicht reimt, erscheint an unterschiedlichen Positionen in der Reihe). Beschränken Sie sich auf einfache, kurze Wörter.

Vertiefung
▶ Geben Sie eine Reihe von Reimwörtern vor. Die Kinder suchen nach Wörtern, die sich nicht darauf reimen. Anschließend finden die Kinder Reime zu den „nicht passenden Wörtern".

Beispiele für Wortreihen
(nicht reimende Wörter sind unterstrichen):
Dach, wach, nicht, Krach
Bein, klein, Schein, Ding
Ast, Bett, Last, Mast
Frau, schlau, rau, Fuß
Reim, Keim, Kind, Heim
Sturm, Tür, Turm, Wurm
Seil, Beil, Pfeil, hell
Ball, Fall, Baum, Knall
Haut, laut, Kraut, Kran
Druck, Haus, Schmuck, Ruck
Zug, Flug, Blatt, Krug
auch, Schlauch, Bauch, Mund

Echos

Lernerfahrungen

▶ Sprechrhythmen erkunden.
▶ Wortsilben betonen.

Durchführung

▶ Die Kinder sitzen vor Ihnen. Klatschen Sie einen einfachen Rhythmus vor.
Ein Kind klatscht den Rhythmus „wie ein Echo" nach. Reihum darf jedes
Kind einmal „Echo" sein. Wenn alle Kinder an der Reihe waren, dürfen sie
das Spiel anführen: Ein Kind klatscht einen Rhythmus vor und wählt ein
anderes Kind als „Echo" aus.

Vertiefung

▶ Klatschen Sie einfache, bekannte Sätze, zum Beispiel *Guten Morgen!*
oder *Wie geht es dir?* Die Kinder versuchen zu erraten, welchen Satz Sie
gerade klatschen.
▶ Klatschen Sie die Rhythmen von Reimen und Liedern, mit denen die
Kinder vertraut sind.

Ähnliche Aktivitäten

▶ Vormachen – nachmachen (siehe S. 39)
▶ Sprechen und klatschen (siehe S. 66)

Sprache und Verständigung

Piraten

Lernerfahrungen
▶ Wortschatz erweitern.
▶ Bedeutung und Klang neuer Wörter kennenlernen.

Vorbereitung
▶ Gestalten Sie aus einem großen Pappkarton ein Piratenschiff. Breiten Sie auf dem Fußboden ein großes Stück Papier oder ein Laken als Schatzinsel aus.

Durchführung
▶ Besprechen Sie mit den Kindern, was ein Pirat ist.
▶ Zeigen Sie den Kindern die mitgebrachten Piratensachen. Die Kinder beschreiben die Gegenstände: *Wie sehen die Dinge aus? Wie fühlen sie sich an? Wie nennt man sie? Wozu werden sie gebraucht?*
▶ *Welche Gefahren lauern auf Piraten?* (Stürme, Haie, riesige Wogen usw.)
▶ Lassen Sie die Kinder jeweils in kleinen Gruppen ein Piratenspiel entwickeln (mit dem Piratenschiff zu der Insel segeln und auf Schatzsuche gehen).

Vertiefung
▶ In einer Erzählrunde mit der ganzen Gruppe berichten die einzelnen Piratenmannschaften von ihren Abenteuern.
▶ Singen Sie gemeinsam ein Piratenlied.
▶ Schaffen Sie vielfältige Gesprächsanlässe zu dem Thema.

Ähnliche Aktivitäten
▶ Flaschenpost (siehe S. 134)
▶ Schatzkarte (siehe S. 135)

⇥ großer Pappkarton
⇥ Farben
⇥ Pinsel
⇥ großformatiges Papier oder Laken
⇥ T-Shirt
⇥ Augenklappe
⇥ Ohrring
⇥ Papagei (aus Pappe ausgeschnitten)
⇥ Schatzkarte
⇥ Schal
⇥ „Goldmünze"
⇥ Piratenflagge

Sprache und Verständigung

→ große Kiste
→ Kleidungsstücke
→ Schuhe
→ Schmuck
→ Hüte

Verkleiden

Lernerfahrungen

▶ Sprache einsetzen, um Personen und Situationen im Rollenspiel darzustellen.
▶ Wortschatz erweitern.
▶ Sprachstrukturen erproben.
▶ Mit anderen interagieren, sich über Vorhaben und Handlungen abstimmen.

Vorbereitung

▶ Stellen Sie sicher, dass die Verkleidungskiste jederzeit zugänglich ist. Hängen Sie den Schmuck an einen Ständer oder an Haken.

Durchführung

▶ Ermuntern Sie die Kinder, in der Kiste nach Kleidungsstücken zum Verkleiden zu suchen, wann immer ihnen danach zumute ist.
▶ Geben Sie reichlich positives Feedback. Fragen Sie Kinder, die sich verkleidet haben, zum Beispiel: *Oh, wer kommt denn hier zu Besuch? Woher kommen Sie, meine Dame/mein Herr? Wo wollen Sie hingehen?* Regen Sie die Kinder an, in ihrer jeweiligen Rolle ein Gespräch mit Ihnen oder mit anderen Erwachsenen des Teams zu führen. Achten Sie darauf, ob die Kinder tatsächlich zum Gespräch bereit sind. Zu viel Aufforderung kann sie aus ihrer Rolle herausholen und damit die Spielsituation „entzaubern".

Vertiefung

▶ Kinder zeigen oft Ausdauer bei Verkleidungsspielen. Zuweilen spielen sie eine bestimmte Rolle wiederholt über einen längeren Zeitraum. Wenn sich die Spielidee erschöpft hat, wenden sie sich einer neuen Rolle zu. Es handelt sich dabei um natürliches Spielverhalten, das keiner weiteren Intervention bedarf.

Variationen

▶ Füllen Sie Ihre Verkleidungskiste möglichst reichhaltig – eventuell mit Hilfe von Spenden seitens der Eltern.

Unterwegs

Lernerfahrungen

▶ Sprache nutzen, um Personen und Situationen im Spiel darzustellen.

▶ Wortschatz erweitern.

▶ Sprachstrukturen erproben.

Vorbereitung

▶ Besprechen Sie mit den Kindern, welche Transportmittel Leute nutzen, wenn sie unterwegs sind. Lassen Sie sie von ihren eigenen Erfahrungen erzählen.

Durchführung

▶ Wählen Sie ein Fahrzeug, das die Kinder besonders anspricht. Stellen Sie ausreichend Pappkartons zur Verfügung, die im Spiel zum Beispiel als Auto dienen.

▶ Als Anregung genügt es, Autoreifen auf die Seiten der Pappkartons zu malen – die Phantasie der Kinder wird den Gruppenraum in eine verkehrsreiche Straße verwandeln. Aus Wellpappe kann eine Tankstelle improvisiert werden. Zettel dienen als Tankbelege. Fertigen Sie aus Papier und Fotokarton Führerscheine, Fahrzeugpapiere und Nummernschilder für die „Autofahrer" an.

▶ Mit etwas Fantasie werden aus den Autos Flugzeuge und aus der Tankstelle ein Flughafen. Stellen Sie den „Fluggästen" Reisepässe und Tickets aus; lassen Sie sie Postkarten nach Hause malen.

▶ Wenn sich diese Spielidee erschöpft hat, können die Pappkartons als Schiffe umfunktioniert werden. Fertigen Sie diesmal Fahrkarten für Schiffspassagen, Logbücher usw. für die Kinder an.

Vertiefung

▶ Geben Sie den Kindern reichlich Gelegenheit, von ihren realen Erlebnissen und von ihrem Spiel zu erzählen.

▶ Schneiden Sie aus Reisebroschüren und Ferienkatalogen Bilder aus, um daraus „Reiseinformationen" über Urlaubsziele zusammenzustellen.

▶ Betrachten Sie mit den Kindern Landkarten und Atlanten.

Sidebar

→ Wellpappe
→ Papier
→ Karton
→ Scheren
→ Filzstifte
→ Pappkartons

! Beim Umgang mit Scheren ist besondere Umsicht erforderlich.

Eine Hütte bauen

Lernerfahrungen

▶ Sprache nutzen, um Gedanken zu strukturieren, zu ordnen und zu klären.

Vorbereitung

▶ Sie benötigen eine freie Raumecke, in der die Kinder ihre Hütte bauen können. Als „Baugerüst" eignet sich ein großes Möbelstück wie zum Beispiel ein Tisch, über den die Kinder ein Laken breiten können. Im Außenbereich können ein Gartentisch oder ein großes Spielgerät die gleiche Funktion übernehmen.

Durchführung

▶ Zeigen Sie den Kindern den „Bauplatz" und schlagen Sie ihnen vor, eine Hütte zu bauen. Ermuntern Sie die Kinder, beim Hüttenbau in eine Rolle zu schlüpfen: Die Hütte könnte zum Beispiel von Pfadfindern, Forschern oder Abenteuer-Urlaubern gebaut werden. Geben Sie den Kindern die vorgesehenen Materialien. Lassen Sie sie ihr Spiel entwickeln und ziehen Sie sich zurück. Geben Sie den Kindern vorher den Hinweis, dass sie sich an Sie wenden können, wenn sie Hilfe brauchen (etwa zusätzliche Materialien oder Hilfe bei Konfliktlösung).

▶ Wenn die Hütte fertig ist, fragen Sie die Kinder, ob Sie zu Besuch kommen dürfen. Nutzen Sie diese Situation als Gesprächsanlass: Begrüßung und Hereinbitten eines Gastes: *Wozu dient die Hütte?; Wie ist sie eingerichtet?; Wer hat die Hütte gebaut* (Rollen der Kinder)? *Wie leben die Pfadfinder, Forscher usw. in ihrer Hütte?*

Vertiefung

▶ Fragen Sie die Kinder, was sie brauchen könnten, damit ihre Hütte noch schöner wird.

▶ Geben Sie den Kindern die Gelegenheit, ihr Spiel an einem anderen Tag fortzusetzen – solange, bis sich die Spielidee erschöpft hat. Häufig erfährt eine solche Hütte kontinuierliche Veränderungen und Verbesserungen bis die Kinder das Spiel aufgeben.

▶ Stellen Sie den Kindern Materialien für ein „Picknick" in der Hütte zur Verfügung (entweder reales Picknickzubehör oder zum Beispiel Puppengeschirr).

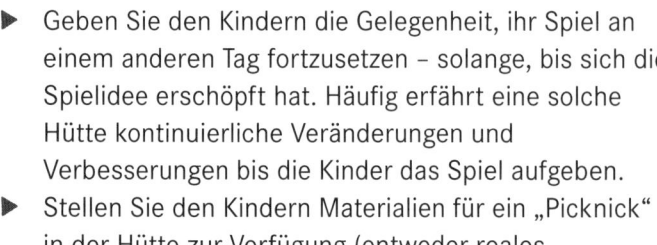
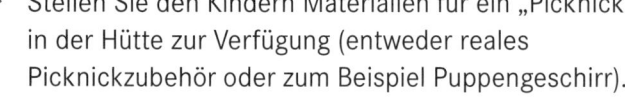

Materialien:

→ Laken
→ geeignete Möbelstücke (z. B. Tisch oder großes Spielgerät)
→ Kissen
→ Bauklötze
→ Wolldecke oder Läufer
→ Pappkartons
→ altes Telefon
→ Picknickzubehör (real oder z. B. Puppenteller und -tassen)

Im Büro

Lernerfahrungen

▶ Mit technischen Geräten umgehen.

Vorbereitung

▶ Beschaffen Sie so viele gebrauchte und nicht mehr funktionierende Geräte wie möglich.

Durchführung

▶ Ein „Büro" lässt sich auf einfache Weise einrichten: Stellen Sie die Geräte auf den Tischen auf und deklarieren Sie den Raumbereich als „Büro". Besprechen Sie mit den Kindern, um welche Art von Büro es sich handeln soll – ein Arztbüro, ein Büro in einer Autowerkstatt oder bei einem Friseur, das Büro einer Bank usw.

▶ Zeigen Sie den Kindern die Notizblöcke und Bleistifte. Wofür werden sie gebraucht?

▶ Nehmen Sie zunächst am Spiel teil, damit die Kinder die Geräte und ihre Funktion kennenlernen. Ziehen Sie sich dann zurück und lassen Sie die Kinder ihr Spiel entwickeln.

- Computer
- Drucker
- Telefone (auch Handys)
- Faxgeräte
- Tische
- Stühle
- Notizblöcke
- Papier
- Bleistifte
- Kugelschreiber
- Stempel

Vertiefung

▶ Falls Ihnen nur begrenzt Raum zur Verfügung steht, ist es sinnvoll, die Geräte am Ende des Tages wegzuräumen und bei Bedarf wieder aufzustellen.

Variationen

▶ Fragen Sie Eltern, ob sie gebrauchte Geräte zur Verfügung stellen können.

Post austragen

Lernerfahrungen
▶ Wortschatz erweitern.
▶ Bedeutung und Klang neuer Wörter kennenlernen.

Vorbereitung
▶ Fertigen Sie vorab einen Briefkasten an und stecken Sie einige Briefe und Postkarten hinein.

Durchführung
▶ Wählen Sie zwei oder drei Kinder aus, um Postboten zu spielen. Stellen Sie entsprechende Verkleidung zur Verfügung (einschließlich einer Umhängetasche für die Post).
▶ Helfen Sie den Kindern dabei, den Briefkasten zu leeren. Besprechen Sie, welcher Postbote wessen Briefe oder Karten austragen soll.
▶ Unterstützen Sie die Kinder dabei, die Post zu sortieren. Lesen Sie zum Beispiel die Namen der Adressaten vor.
▶ Die Kinder legen die Post, die sie austragen sollen, in ihre Posttasche und beginnen ihre Zustellrunde.

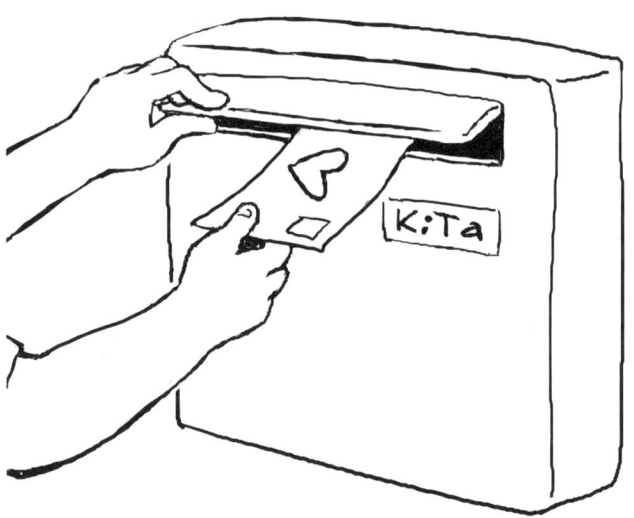

Vertiefung
▶ Sorgen Sie dafür, dass jedes Kind an die Reihe kommt, Postbote zu spielen.
▶ Ein großer Pappkarton fungiert als Paketwagen. Lassen Sie die Kinder Päckchen und Pakete ausliefern.

Ähnliche Aktivitäten
▶ Einen Brief verschicken (siehe S. 75)

Briefkasten
viele Briefe und Postkarten, die die Kinder gestalten oder selbst bekommen haben.

Einen Brief verschicken

Lernerfahrungen

▶ Wortschatz erweitern.

▶ Erfahren, dass Schrift Bedeutung hat.

Vorbereitung

▶ Bringen Sie in Erfahrung, was die Kinder bereits über das Versenden von Briefen wissen: *Wie gelangt ein Brief von einem Ort zum anderen? Wie verschickt man einen Brief?*

Durchführung

▶ Schlagen Sie den Kindern vor, einen eigenen Briefkasten für die Gruppe anzufertigen. Zeigen Sie ihnen den Pappkarton. Fragen Sie sie, wie man daraus einen Briefkasten basteln könnte. Weisen Sie darauf hin, dass ein Briefkasten eine Öffnung zum Einwerfen von Briefen hat sowie eine Tür zum Leeren.

▶ Schneiden Sie in die Vorderseite des Kartons einen Schlitz zum Einwerfen und in die Rückseite eine „Tür" zum Leeren. Verschließen Sie die Tür mit Klebeband.

▶ Zu welchen Zeiten soll der Briefkasten geleert werden? Zeichnen Sie die Vorschläge der Kinder als Uhr auf ein Stück Papier und kleben Sie es vorn an den Briefkasten.

▶ Fordern Sie die Kinder auf, sich gegenseitig Briefe zu „schreiben". Es genügt völlig, wenn die Kinder Linien auf Papier malen. Stellen Sie sicher, dass jedes Kind wenigstens einen Brief erhält.

▶ Werfen Sie die Briefe ein.

Vertiefung

▶ Die Kinder wechseln sich beim Leeren, Post sortieren und Briefe austragen ab.

▶ Schreiben Sie einen realen Brief an die Gruppe. Gehen Sie mit den Kindern zum nächsten Briefkasten. Lassen Sie die Kinder den Brief einwerfen.

Variationen

▶ Lassen Sie die Kinder Briefe an ihre Familien „schreiben".

Ähnliche Aktivitäten

▶ Post austragen (siehe S. 74)

→ großer Pappkarton
→ Scheren
→ Papier
→ Klebeband
→ Klebstoff
→ Filzstift
→ Schreibpapier oder Karten
→ Bleistifte

! Beim Umgang mit Scheren ist Umsicht geboten.

Geschichten nachspielen

Lernerfahrungen

▶ Sprachkompetenz entwickeln, um sich auszudrücken und um mit anderen zu interagieren.

▶ Handlungen von Geschichten nachspielen.

▶ Problemlösekompetenz entwickeln.

Vorbereitung

▶ Wählen Sie eine Geschichte aus, die den Kindern vertraut ist. Rufen Sie die wesentlichen Teile in Erinnerung.

Durchführung

▶ Nachdem die Geschichte besprochen wurde, werden die Rollen verteilt. Die Kinder erhalten Accessoires für Kostüme und Zubehör für ein Bühnenbild, um die Geschichte nachzuspielen.

▶ Suchen Sie sich einen Platz, von dem aus Sie in Ruhe das Spiel der Kinder beobachten und ihnen zuhören können. Besprechen Sie mit ihnen ihre Spielideen und gegebenenfalls auftretende Schwierigkeiten. Das Gespräch soll den Kindern helfen zu entscheiden, ob ihre Ideen umsetzbar sind oder nicht. Beispiel: Die Kinder spielen die gewählte Geschichte nach. Falls sich manche Ideen nicht umsetzen lassen, sollten im Gespräch Alternativen entwickelt werden.

▶ Intervenieren Sie nur, wenn es unbedingt erforderlich ist. Die Kinder werden beim Nachspielen einer Geschichte unweigerlich auf Probleme stoßen. Indem sie diese Schwierigkeiten überwinden, entwickeln sie ihr Denken und ihre Problemlösekompetenz.

Vertiefung

▶ Hin und wieder werden aus nachgespielten Geschichten „Lieblingsspiele", mit denen sich die Kinder eine Zeit lang beschäftigen. In diesem Fall ist es sinnvoll, die Kinder dazu anzuregen, Rollen zu tauschen oder die Geschichte aus verschiedenen Perspektiven zu spielen.

▶ Buch: Eine bekannte Kindergeschichte, z. B. *Isabel Abedi / Silvio Neuendorf: Mist verloren! Hurra, gewonnen! (ArsEdition), Isabel Abedi / Silvio Neuendorf: Blöde Ziege, Dumme Gans (ArsEdition), Annette Langen: Pass auf, kleine Motzkuh (Coppenrath)*

▶ Accessoires für Kostüme oder Zubehör für ein Bühnenbild, um die Fantasie der Kinder anzuregen (vorab gesammelt oder angefertigt)

Einen Schnellimbiss einrichten

Lernerfahrungen

▶ Im Spiel Sprache erproben und einsetzen.
▶ Über Probleme nachdenken, sie besprechen und lösen.

Vorbereitung

▶ Sprechen Sie mit den Kindern über einen Schnellimbiss in Ihrer Nähe:
Was kann man dort kaufen? Wie ist er eingerichtet? usw. Lassen Sie die
Kinder möglichst viel erzählen. Schlagen Sie dann vor, dass die Kinder
selbst einen Schnellimbiss in einer Raumecke einrichten.

Durchführung

▶ Aufbau eines Schnellimbiss: Ein großer Pappkarton oder ein Tisch dient
als Theke. Zwei weitere Pappkartons fungieren als Fritteusen (einer für
die Pommes frites, einer für anderes Frittiergut wie Schnitzel usw.).
Fertigen Sie aus einem Karton einen Mikrowellenherd: Die Vorderseite
wird aufgeschnitten (Tür). Schneiden Sie ein Fenster in die Tür und
bespannen Sie die Öffnung mit Klarsichtfolie. Die Kinder können aus
Pappe Schalter ausschneiden, bemalen und an die „Mikrowelle"
ankleben.
▶ Schneiden Sie Pommes und Würstchen, Schnitzel sowie andere
Lebensmittel ebenfalls aus Pappe aus – Sie werden große Mengen
benötigen.
▶ Fragen Sie die Kinder, welche Schilder und Hinweise man in einem
Schnellimbiss braucht:
  ▷ *Geöffnet / Geschlossen*
  ▷ *Alles frisch!*
  ▷ *Pommes mit Mayo und Ketchup*
  ▷ *Currywurst*
  ▷ *Schaschlik*
  ▷ *Preisliste*
▶ Malen oder schreiben Sie die Vorschläge der Kinder auf Pappschilder.

Vertiefung

▶ Lassen Sie die Kinder mit ihrem Schnellimbiss in freien Spielsituationen
spielen.
▶ Sorgen Sie für Anlässe, bei denen sich die Kinder über ihr Spiel äußern
können.

Ähnliche Aktivitäten

▶ Snack-Song (siehe S. 45)
▶ Im Restaurant (siehe S. 79)

➡ Pappkartons
➡ Scheren
➡ Klarsichtfolie
➡ Buntes Papier
➡ Pappe (in großer Menge)
➡ Klebstoff
➡ Kasse
➡ Papiermützen
➡ Schürzen
➡ Küchenutensilien (aus Plastik)
➡ Einwickelpapier
❗ Beim Umgang mit Scheren ist Umsicht erforderlich.

Sprache und Verständigung

Unser Tierpark

Lernerfahrungen

▶ Sprache einsetzen, um Personen und Situationen im Rollenspiel darzustellen.
▶ Wortschatz erweitern.
▶ Sprachstrukturen erproben.

Vorbereitung

▶ Sprechen Sie mit den Kindern über Tierparks/Zoos: *Habt ihr selbst schon einmal einen Zoo besucht? Was habt ihr dort gesehen und erlebt? Warum gibt es Tierparks?* Schlagen Sie den Kindern vor, selbst einen Tierpark im Gruppenraum aufzubauen.
▶ Die Kinder dürfen für den „Tierpark" Stofftiere von zu Hause mitbringen (mit Namen kennzeichnen!).

Durchführung

▶ Die Kinder sortieren die Stofftiere nach Tierarten: Elefanten, Löwen, Affen, Seehunde usw. Für jede Tierart wird ein Gehege gebaut. Pappkartons dienen als Tierhäuser (Elefantenhaus, Raubtierhaus usw.). Falls eine wichtige Tierart fehlt, können sie entsprechende Zeichnungen auf Fotokarton anfertigen, ausmalen und ausschneiden.
▶ Gestalten Sie ein Aquarium: Schneiden Sie Fische aus Pappe aus und bekleben Sie sie mit Schuppen aus Metallpapier. Schneiden Sie viereckige Öffnungen in die Seiten eines Pappkartons. Decken Sie die Öffnungen mit Klarsichtfolie ab. Hängen Sie die Fische mit Schnur an einen Holzstab. Der Holzstab wird quer über den Pappkarton gelegt, sodass die Fische im „Aquarium" zu schwimmen scheinen.
▶ Die Gehege werden mit Schildern versehen, auf denen die jeweilige Tierart verzeichnet ist. Sie können auch Hinweisschilder zeichnen, wie man sie in Zoos oft findet:
  ▷ *Affen bitte nicht füttern!*
  ▷ *Die Löwen bitte nicht berühren!*
  ▷ *Seehundfütterung um 3 Uhr.*
▶ Fertigen Sie Eintrittskarten für die Kinder an, die sie im Spiel kaufen und verkaufen können.
▶ Legen Sie Tierbücher aus, in denen die Kinder sich über die verschiedenen Tierarten informieren können.

Vertiefung

▶ Erstellen Sie ein „Zoobuch".
▶ Nehmen Sie Zoogeschichten gegebenenfalls auf.
▶ Dokumentieren Sie alle Aktivitäten und Arbeitsergebnisse anhand von Fotos. Nutzen Sie die Bilder nach Abschluss des Projekts als Gesprächsanlass.
▶ Geben Sie den Kindern Gelegenheit, sich selbst vor der Gruppe zu ihren Beiträgen zu äußern.

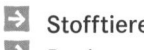

Stofftiere
Papier
Fotokarton
Scheren
Filzstifte
Pappkartons
Schnur
Aluminiumfolie
Klarsichtfolie
Holzstab
Tierbücher
ausreichend Platz

! Beim Umgang mit Scheren ist Sorgfalt erforderlich.

Im Restaurant

Lernerfahrungen

▶ Sprache nutzen, um Personen und Situationen im Spiel darzustellen.

▶ Wortschatz erweitern.

▶ Sprachstrukturen erproben.

Vorbereitung

▶ Sprechen Sie mit den Kindern über Restaurants: *Wozu gibt es Restaurants? Habt ihr Kinder schon einmal ein Restaurant besucht? Welche verschiedenen Restaurants kennt ihr?*

Durchführung

▶ Stellen Sie stabile Pappkartons als Tische und Stühle auf.

▶ Schneiden Sie Teller und Besteck aus Pappe aus. Stellen Sie auf jeden Tisch einen Joghurtbecher als Vase. Füllen Sie die „Vase" mit Blumen, die aus Karton ausgeschnitten und angemalt werden.

▶ Auf einem großen Bogen Fotokarton wird eine Speisekarte zusammengestellt. Besprechen Sie mit den Kindern, welche Speisen in ihrem Restaurant serviert werden sollen. Notieren Sie die Ideen der Kinder auf der Speisekarte.

▶ Anschließend wird entschieden, welche Kinder Restaurantbesucher sind und wer Kellnerin oder Kellner sein darf. Unterstützen Sie die Kinder dabei, die Rollenverteilung angemessen zu besprechen. Geben Sie den „Kellnern" je einen Notizblock (aus zusammengeheftetem Papier) und einen Bleistift, um Bestellungen aufnehmen zu können.

▶ Die „Restaurantgäste" dürfen sich verkleiden, um in angemessener Aufmachung auszugehen.

➔ Wellpappe
➔ Papier
➔ Karton
➔ Scheren
➔ stabile Pappkartons
➔ Joghurtbecher
➔ Klebstoff
➔ Spielzeugbesteck und anderes Zubehör, um einen Tisch zu decken
➔ Tacker
➔ Bleistifte
❗ Beim Umgang mit Scheren ist Umsicht geboten.

Vertiefung

▶ Schaffen Sie vielfältige Gesprächsanlässe, damit die Kinder über ihr Spiel sprechen können.

Ähnliche Aktivitäten

▶ Einen Schnellimbiss einrichten (siehe S. 77)

Unsere Ritterburg

Lernerfahrungen
▶ Sprache nutzen, um Personen und Situationen im Spiel darzustellen.
▶ Wortschatz erweitern.
▶ Sprachstrukturen erproben.

Vorbereitung
▶ Schauen Sie sich mit den Kindern einige Bücher über „Ritter", „Burgen" usw. an.
▶ Welche Kinder haben bereits eine Burg oder eine Burgruine besucht? Was wissen die Kinder über Burgen (aus Fernsehprogrammen, Filmen oder Videos)?

Durchführung
▶ Schlagen Sie den Kindern vor, eine eigene Burg zu bauen. Befestigen Sie Wellpappe als Burgmauer an einer Wand im Raum. Schneiden Sie in die obere Kante der Pappe die Umrisse von Zinnen oder von einer Brüstung.
▶ Fügen Sie eine Zugbrücke an: Ein großes Pappestück wird an der Burgmauer befestigt. Stanzen Sie Löcher in die Außenkante der Brücke sowie in die Burgmauer. Verbinden Sie Brücke und Mauer mit Schnur, sodass sie hochgezogen und herabgelassen werden kann. Breiten Sie vor der Mauer ein blaues Laken oder blauen Gardinenstoff als Burggraben aus. Aus Wellpappe können Wehrtürme gebastelt werden: Rollen Sie die Pappe zu großen Röhren zusammen. Die oberen Kanten werden entsprechend in Form geschnitten.
▶ Basteln Sie mittelalterliche Accessoires:
  ▷ Königskronen – Kronen aus Pappe ausschneiden und mit Aluminiumfolie beziehen.
  ▷ Hüte für Burgfräulein – dünnen Karton zu Spitztüten drehen und zusammenkleben; ein Stück Tüll an der Spitze befestigen.
  ▷ Brustpanzer – Pappstücke zurechtschneiden und mit Aluminiumfolie beziehen; Löcher in die äußeren vier Ecken stanzen und Schnur daran befestigen (zum Umbinden).
▶ Legen Sie Bücher über Ritterburgen aus. Regen Sie die Kinder dazu an, die Bücher gemeinsam mit anderen Kindern oder mit Erwachsenen zu betrachten. Versorgen Sie die Kinder mit so viel Information über Ritterburgen, wie sie aufnehmen können. Lassen Sie sie dann ihr Spiel entwickeln.

Vertiefung
▶ Erstellen Sie ein Buch „Unsere Ritterburg" mit Bildern und Bezeichnungen von den verschiedenen Teilen der Burg.
▶ Geben Sie den Kindern Gelegenheit, vor dem Rest der Gruppe von ihrer Burg zu erzählen. *Wie haben sie die Burg gebaut? Was haben sie darin gespielt?*

→ Sachbücher über Ritterburgen
→ Wellpappe
→ Papier
→ Karton
→ Scheren
→ Filzstifte
→ Pappkartons
→ Locher
→ Schnur
→ blauer Gardinenstoff/ blaues Laken
→ Aluminiumfolie
→ Stoffreste
→ ausreichend Platz

! Beim Umgang mit Scheren ist Umsicht vonnöten.

Im Krankenhaus

Lernerfahrungen

▶ Sprache nutzen, um Personen und Situationen im Spiel darzustellen.

▶ Wortschatz erweitern.

▶ Sprachstrukturen erproben.

Vorbereitung

▶ Lassen Sie die Kinder von ihren eigenen Krankenhauserfahrungen erzählen. Bringen Sie in Erfahrung, wie viele sachbezogene Begriffe die Kinder bereits kennen.

Durchführung

▶ Schlagen Sie den Kindern vor, ein eigenes Krankenhaus einzurichten. Dort werden sie oder ihre Spieltiere als Patienten versorgt. Regen Sie die Kinder an, zur Durchführung und Gestaltung so viele Ideen wie möglich zu äußern.

▶ Fertigen Sie aus Wellpappe Stellwände an. Pappkartons dienen als Betten für Puppen und Stofftiere. Mit Matratzen, Kissen und Decken (aus Puppenwagen) werden die Patientenbetten hergerichtet. Mit Hilfe eines großen Pappstücks oder einer Wolldecke kann eine Trage für eine akut erkrankte Puppe improvisiert werden.

▶ Wenn die Kinder „Patient" spielen wollen, können Handtücher als Betten auf dem Boden ausgebreitet werden. Falten Sie jeweils ein zweites Handtuch zusammen und legen Sie es als Decke ans Fußende.

▶ Schneiden Sie Löffel und Medizinflaschen aus Pappe aus.

▶ Stellen Sie neben jedes Bett einen stabilen Pappkarton als Besucherstuhl. Schreiben Sie ein Schild mit den Besuchszeiten. Joghurtbecher dienen als Vasen für mitgebrachte Blumen.

Vertiefung

▶ Schaffen Sie reichlich Gesprächsanlässe, bei denen die Kinder über ihre tatsächlichen Krankenhauserfahrungen erzählen können.

▶ Geben Sie den Kindern auch Gelegenheit, über ihr Rollenspiel zu erzählen.

▶ Gestalten Sie Grußkarten mit Genesungswünschen für Patienten.

→ Wellpappe
→ Papier
→ Karton
→ Scheren
→ Filzstifte
→ Pappkartons
→ Joghurtbecher
→ Klebstoff
→ Spielzeugausgaben von medizinischem Zubehör (z. B. Arztkoffer, falls verfügbar)
→ Tacker
→ Bleistifte
→ Klemmbretter
→ Kissen
→ Sicherheitsnadeln
→ Handtücher, Stoffreste usw.

! Beim Umgang mit Scheren ist Sorgfalt erforderlich.

→ Kassettenrecorder oder
  CD-Player
→ CD oder MC mit Musik
→ Papier
→ Stifte

Was bin ich?

Lernerfahrungen

▶ Mit anderen interagieren.

▶ Personen und Situationen darstellen und erklären.

Durchführung

▶ Erklären Sie den Kindern das Spiel: eine Person darstellen, die einen bestimmten Beruf ausübt.

▶ Zunächst sitzen die Kinder in der Gruppe zusammen. Jedes Kind denkt sich aus, welchen Beruf es darstellen möchte (zum Beispiel einen Feuerwehrmann, einen Fensterputzer, eine Taxifahrerin usw.). Wenn jedes Kind sich für eine Rolle entschieden hat, wird die Musik gestartet. Während die Musik spielt, stellen die Kinder ihre Rollen pantomimisch dar. Wenn die Musik angehalten wird, „erstarren" die Kinder in ihrer Bewegung und verharren in dieser Position.

▶ Wählen Sie ein Kind aus, das seine Rolle vorspielt. Die übrigen Kinder setzen sich hin und versuchen zu erraten, welchen Beruf das Kind darstellt.

▶ Wenn die Kinder richtig geraten haben, beginnt die nächste Spielrunde.

Vertiefung

▶ Geben Sie als Hilfe einige Berufe und typische Handlungen vor.

▶ Die Kinder malen sich selbst in der gewählten Rolle. Versehen Sie die Bilder mit passenden Überschriften.

Raumfähre

Lernerfahrungen
▶ Sprache nutzen, um Personen und Situationen im Spiel darzustellen.
▶ Wortschatz erweitern.
▶ Sprachstrukturen erproben.

Vorbereitung
▶ Sprechen Sie mit den Kindern über Reisen ins All. Überprüfen Sie ihre Kenntnisse über Raumfahrt, Raketen, Raumfähren, den Mond, die Sterne, die Planeten usw.

Durchführung
▶ Schlagen Sie den Kindern vor, ihre eigene Raumfähre zu bauen. Regen Sie sie an, als „Astronauten" ins All zu reisen. Zeigen Sie den Kindern die mitgebrachten Materialien. Besprechen Sie mit ihnen, wie man daraus eine Raumfähre bauen kann. Nutzen Sie die Situation als Übungsfeld, in dem die Kinder ihre Problemlösungskompetenz trainieren können. Befestigen Sie Wellpappe an einer Wand. Schneiden Sie ein Stück Pappe heraus. Die Öffnung repräsentiert den Eingang/Ausgang oder eine Andockschleuse. Befestigen Sie Stoff oder ein Netz über der Öffnung. Rollen Sie ein Stück Pappe zu einer Röhre zusammen. Kleben Sie eine Spitze an das obere Ende, um eine Trägerrakete darzustellen. Beziehen Sie sie mit Aluminiumfolie und befestigen Sie sie an einer Seite der Raumfähre.

▶ In der Raumfähre können Sie eine Schlafkammer sowie ein Steuerpult (Tisch, Stuhl und so viele gebrauchte Geräte wie möglich) einrichten. Legen Sie Papier, Stifte und Telefone („Sprechfunkgeräte") dazu.

▶ Regen Sie die Kinder an, möglichst viele Begriffe aus der Raumfahrt zu verwenden. Üben Sie mit ihnen, wie man rückwärts zählt („Countdown" für den Start). Wenn die Raumfähre fertig ist, entwickeln die Kinder selbstständig ihr Spiel.

Vertiefung
▶ Erstellen Sie eine Liste mit Begriffen aus der Raumfahrt, die den Kindern bereits bekannt sind. Gehen Sie diese Liste mit ihnen durch.
▶ Ermuntern Sie die Kinder, Nachrichten „zur Erde" zu senden.
▶ Dekorieren Sie die Wand über der Raumfähre mit Sternen, Planeten und einem Mond.
▶ Erstellen Sie gemeinsam ein Raumfahrtbuch.
▶ Geben Sie den Kindern Gelegenheit, dem Rest der Gruppe von ihrem Spiel zu erzählen.

→ große Stücke Wellpappe
→ Stoffreste
→ Aluminiumfolie
→ Netzgewebe
→ alte Telefone
→ alte Faxgeräte oder Computer
→ Tisch
→ Stuhl
→ Papier und Stifte
→ Farben, Pinsel usw.

Bücher auswählen

Lernerfahrungen

▶ Interesse an vielfältigem Buchmaterial entwickeln.

Vorbereitung

▶ Überlegen Sie, wie Sie die Bücher aufstellen und den Kindern zugänglich machen können.

→ Leseecke mit vielen Bilderbüchern

Durchführung

▶ Bücher für eine Kindergartengruppe sollten mit viel Sorgfalt ausgewählt werden. Das Buchangebot sollte alle Alters- und Entwicklungsstufen berücksichtigen – von einfachen Bilderbüchern ohne Schrift (oder mit nur einem Wort pro Seite) bis zu Büchern mit detaillierten Bildern und umfangreichem Text.

▶ Suchen Sie nach Büchern, die

▷ den Kindern die Möglichkeit geben, sich mit den handelnden Personen zu identifizieren,

▷ zur Interaktion einladen (Klappbilder oder Fragen im Text fördern die Neugierde der Kinder; sie regen zu aktiver, gemeinsamer Beschäftigung an),

▷ reale Personen in realer Umgebung zeigen,

▷ Interessen und Erfahrungen der Kinder aufgreifen,

▷ auf gesellschaftliche Aspekte hinweisen (zum Beispiel Zusammenleben verschiedener Kulturen, Alltag von Menschen mit Behinderungen),

▷ von Personen erzählen, die die gleichen Sorgen und Probleme haben wie die Kinder.

▶ Fügen Sie Ihrem Buchmaterial Bücher hinzu, die Sie mit den Kindern gestaltet haben.

Vertiefung

▶ Fordern Sie die Kinder auf, die Bücher mit Sorgfalt zu behandeln. Erarbeiten Sie einfache Regeln für das gemeinsame Betrachten und Teilen von Büchern.

Variationen

▶ Geben Sie den Kindern Gelegenheit, Lieblingsbücher von zu Hause mitzubringen und der Gruppe vorzustellen.

Ähnliche Aktivitäten

▶ Eine Leseecke einrichten (siehe s. 88)

Bücher gemeinsam betrachten

  20 · frei · 1–5

Lernerfahrungen

▶ Interesse an Büchern entwickeln.

Vorbereitung

▶ Zeigen Sie den Kindern, dass Sie gern Bücher ansehen und dass Bücher für Sie wichtig sind.

Durchführung

▶ Erklären Sie den Kindern die Aktivität: Alle Bücher liegen zur Ansicht bereit. Es geht darum, in Ruhe die Bücher durchzusehen und zu betrachten.

▶ Ermuntern Sie die Kinder, nach eigenem Wunsch Bücher auszuwählen. Sorgen Sie für bequeme Sitzgelegenheiten, damit die Kinder in behaglicher Atmosphäre ihre Bücher anschauen können.

▶ Manche Kinder könnten sich mit der Auswahl von Büchern überfordert fühlen (besonders, wenn sie den Umgang mit Büchern zu Hause nicht gewohnt sind). Geben Sie dem Kind möglichst viel positive Hilfestellung, zum Beispiel: *Ich kenne ein Buch, das du ganz bestimmt magst. Es sind tolle Bilder darin!* Lenken Sie dann die Aufmerksamkeit des Kindes auf ein Buch, von dem Sie wissen, dass es für das Kind von Interesse ist. Sachbücher über Tiere oder Autos treffen zumeist bei den Jungen ins Schwarze, die zuweilen weniger Interesse an Geschichten haben als Mädchen.

▶ Am Ende der Aktivität dürfen die Kinder vor der Gruppe über die Bücher, die sie angeschaut haben, erzählen.

> → vielfältige Auswahl von Büchern: Pop-up-Bücher, Geschichtenbücher, Sachbücher, Bilderbücher usw.
> → bequeme Sitzgelegenheiten, z. B. Sitzkissen
> → Papier
> → Stifte

Vertiefung

▶ Erlauben Sie den Kindern, Bücher mit nach Hause zu nehmen.
▶ Die Kinder dürfen reihum ein Vorlesebuch aussuchen.
▶ Regen Sie die Kinder dazu an, zu ihren ausgewählten Büchern ein Bild zu malen. Versehen Sie die Bilder mit passenden Überschriften.

Interkulturelle Aspekte

▶ Nehmen Sie in Ihrer Büchersammlung auch Bücher aus anderen Kulturen auf.
▶ Besorgen Sie einige Bücher in anderen Sprachen und Schriften. Die Kinder sehen so, dass nicht jedes Buch in deutscher Sprache geschrieben ist.

 20   frei   1–5

Lebendiges Vorlesen

Lernerfahrungen

▶ Leseinteresse entwickeln.

Vorbereitung

▶ Die Buchsammlung sollte für die Kinder jederzeit zugänglich sein.

Durchführung

▶ Beinahe jedes Thema bietet die Möglichkeit, das Interesse der Kinder auf Bücher zu lenken. Dafür sollten Sie sich in ihrer Buchsammlung gut auskennen. Merken Sie beispielsweise bei passender Gelegenheit an: *Oh, dazu (Autos, Haustiere, Flugzeuge, Farben usw.) gibt es ein prima Buch in unserer Leseecke!* Leiten Sie anschließend interessierte Kinder an, das entsprechende Buch aufzufinden.

▶ Lesen Sie mit viel Betonung und Ausdruck vor, besonders bei Mitmach-Liedern oder Reimen – die Kinder werden mit umso mehr Vergnügen zuhören. Legen Sie vor einer neuen Seite eine Pause ein – die Kinder werden damit motiviert, das nächste Wort, den nächsten Handlungsschritt oder das nächste Bild zu erraten. Auf diese Weise wird der Text für die Kinder lebendig. Mit Hilfe von Vorlesetechniken können Sie die Reaktionen der Kinder „dirigieren". Sowohl Sie als auch die Kinder werden an solchen Vorlesesituationen viel Spaß haben.

Vertiefung

▶ Ersetzen Sie den Namen einer Person in einer Handlung durch den Namen eines Kindes (oder einer Person, die die Kinder gut kennen).

▶ Variieren Sie die Geschichte so, dass sie zur Gruppensituation passt.

▶ Nehmen Sie sich Zeit für Buchseiten, die den Kindern besonders gut gefallen. Besprechen Sie ausführlich den Text und die Abbildungen; regen Sie die Kinder an, sich zu der Buchseite zu äußern.

▶ Überspringen Sie Seiten, die nicht von Interesse sind.

▶ Geben Sie Texte, die für das Alter/die Entwicklungsstufe der Kinder zu komplex sind, in eigenen Worten wieder.

Bücher mit Geschichten, Sachbücher

Zusammen lesen

Lernerfahrungen
▶ Mit Büchern umgehen.

Vorbereitung
▶ Stellen Sie sicher, dass dem Kind eine vielfältige Auswahl an Lesematerial zur Verfügung steht.

Durchführung
▶ Lassen Sie das Kind die gemeinsame Lektüre aussuchen.
▶ Wählen Sie einen ruhigen Moment und eine behagliche Ecke. Wenden Sie dem Kind ihre volle Aufmerksamkeit zu.
▶ Geben Sie dem Kind die Zeit, die es braucht, um die Worte und Bilder zu betrachten und darauf zu reagieren. Lassen Sie das Kind das Buch selbst halten und die Seiten umblättern. Warten Sie darauf, dass das Kind Ihnen zu verstehen gibt, welche Passagen Sie vorlesen sollen.
▶ Wenn das Kind mit dem Buch vertraut ist, wird es Teile des Textes kennen. Legen Sie Pausen ein, damit es selbstständig Worte einfügen kann. Geben Sie positives Feedback.

> → vielseitiges Lesematerial: Bücher, Comics, Broschüren usw.

Vertiefung
▶ Wechseln Sie sich mit dem Kind ab. Geben Sie ihm Zeit, um ein Wort oder den Anfang eines bekannten Wortes zu sagen.
▶ Bestätigen Sie das Kind, indem Sie Worte, die es richtig ausgesprochen hat, wiederholen.

 Sprache und Verständigung

→ Tisch
→ Regale
→ Kisten
→ Sitzkissen
→ Karton
→ Filzstift
→ Büchereiausweis

Eine Leseecke einrichten

Lernerfahrungen

▶ Bücher als interessanten und wichtigen Teil des Alltagslebens präsentieren.

▶ Eine Auswahl an Büchern bereitstellen, die andere Aktivitäten unterstützen.

Durchführung

▶ Holen Sie sich gegebenenfalls in einer öffentlichen Bücherei Anregungen für eine altersgerechte Einrichtung der Leseecke. Bücher für junge Kinder befinden sich in der Regel auf niedrigen Regalen oder in Kisten, damit den Kindern Durchsicht und Auswahl leicht gemacht wird.

▶ Die Einrichtung einer Leseecke hängt weitgehend von den räumlichen Bedingungen in Ihrer Einrichtung ab. In jedem Fall sollte ein ruhiger Raumbereich gewählt werden, wo die Bücher aufgestellt und von Kindern und Erwachsenen betrachtet werden können.

▶ Die Buchsammlung sollte möglichst vielfältiges Lesematerial enthalten: Geschichten, Bilderbücher mit und ohne Text, Sachbücher, Zeitschriften, Comics usw.

▶ Öffentliche Büchereien sind oft dazu bereit, Bücher an Kindergärten oder Schulen auszuleihen. Versuchen Sie auch, einen Besuch durch eine Bibliothekarin zu vereinbaren, die den Kindern über Bücher erzählen kann.

▶ Prägen Sie den Kindern ein, dass die Bücher für alle Kinder da sind. Machen Sie deutlich, dass Sie es grundsätzlich schätzen, wenn sich Kinder in der Leseecke aufhalten und ein Buch anschauen – einzeln oder zu mehreren.

▶ Ordnungsliebe sollte nicht übertrieben werden. Für Kinder im Vorschulalter gehört zur Erfahrung mit Büchern, sie frei zu handhaben und jederzeit Zugang zu ihnen zu haben.

▶ Die Leseecke sollte ansprechend gestaltet werden (zum Beispiel durch Plakate, Bilder usw.).

Vertiefung

▶ Richten Sie ein „Verleihsystem" ein, sodass die Kinder Bücher mit nach nehmen können.

Variationen

▶ Besuch in einer Bücherei (siehe S. 91)

Welches Buch?

Lernerfahrungen

▶ Mit Büchern vertraut werden.

▶ Visuelle Wahrnehmung trainieren.

▶ Wortschatz und Sprachfähigkeiten erweitern.

Vorbereitung

▶ Räumen Sie einen bestimmten Zeitraum für Auswahl und Betrachtung von Büchern ein.

→ Leseecke

→ Buch: Bücher aus der Kasimir-Reihe, z. B.: *Lars Klinting, Kasimir malt; Kasimir backt; Kasimir tischlert; Kasimir näht (Oetinger)*

Durchführung

▶ Die Kinder wählen reihum ein Buch, das sie den anderen Kindern zeigen möchten.

▶ Besprechen Sie mit den Kindern, wie sie ein bestimmtes Buch lokalisieren. Die Kinder werden wahrscheinlich antworten, dass sie die Bücher „erkennen". Fragen Sie weiter: Erkennen die Kinder die Bilder auf dem Umschlag wieder? Oder richten sie sich nach den Bildern auf den Buchseiten? Können sie die Überschrift auf dem Umschlag erkennen (Größe oder Farbe der Buchstaben)? Oder suchen sie nach einer bestimmten Person in einer Geschichte? Welche anderen Bücher handeln von derselben Person?

▶ Das Kind, das gerade an der Reihe ist, zeigt auf Bilder in dem gewählten Buch und beschreibt sie. Es versucht (mit Ihrer Hilfe), die Bilder mit alltäglichen Dingen und Situationen in Zusammenhang zu bringen.

Vertiefung

▶ Stellen Sie Bücher zusammen, die von den gleichen Figuren handeln oder die gleiche Themen aufgreifen. Fragen Sie die Kinder, wie sich die Geschichten unterscheiden. Beispiel: *In dieser Geschichte malt Kasimir. In der anderen Geschichte backt Kasimir.* Stellen Sie neue Bücher vor. Können die Kinder an den Bildern erkennen, wovon die Geschichten handeln?

Ähnliche Aktivitäten

▶ Eine Leseecke einrichten (siehe S. 88)

Rund ums Buch

→ vielfältige Auswahl an Büchern

Lernerfahrungen

▶ Mit Büchern vertraut werden.

Durchführung

▶ Verwenden Sie beim Umgang mit Büchern möglichst oft Begriffe, die mit Büchern und Lesen zusammenhängen. Auf diese Weise nehmen die Kinder die Wörter in ihren Wortschatz auf. Sprechen Sie über „Buchumschlag", „Seiten", „Illustrationen" usw.

▶ Versuchen Sie, Kinder für Bücher zu begeistern – kein Problem, wenn Sie selbst gerne lesen.

▶ Lesen Sie gemeinsam mit den Kindern. Sprechen Sie über „Wörter", „Sätze" und „Buchstaben". Ermuntern Sie die Kinder, zu erraten, was als Nächstes in der Geschichte passiert, wie das nächste Wort heißt usw.

▶ Fordern Sie die Kinder auf, auf bestimmte Teile eines Buches oder Textes zu zeigen:
  ▷ erste Seite,
  ▷ letzte Seite,
  ▷ oberer Seitenrand,
  ▷ unterer Seitenrand,
  ▷ Vorderseite des Buches,
  ▷ Rückseite des Buches,
  ▷ Anfang der Geschichte,
  ▷ ein Wort,
  ▷ eine Zeile,
  ▷ eine Überschrift,
  ▷ die Wörter unter einem Bild,
  ▷ Seitenzahlen,
  ▷ Buchtitel,
  ▷ Name der Autorin/des Autors.

Vertiefung

▶ Drehen Sie die Situation um: Zeigen *Sie* auf den oberen Seitenrand usw. und fragen Sie die Kinder, was das ist.

Interkulturelle Aspekte

▶ Besorgen Sie Bücher in anderen Sprachen, um den Kindern zu zeigen, dass Texte auch in anderen Schriften geschrieben sein können (Buchstaben, Schreibrichtung).

Ähnliche Aktivitäten

▶ Buchbesprechung (siehe S. 114)

Besuch in einer Bücherei

Lernerfahrungen

▶ Freude an Büchern gewinnen.

▶ Eine Bücherei in der näheren Umgebung kennenlernen.

Vorbereitung

▶ Wenden Sie sich vor dem Besuch an die Bücherei, um sich über das Buchangebot zu informieren. Mitarbeiter von Büchereien erweisen sich oft als sehr hilfsbereit, wenn es darum geht, Kinder für Bücher zu begeistern. Fragen Sie nach speziellen Veranstaltungen (Vorlese- oder Spielaktionen und dergleichen). Im Idealfall sollte jedes Kind ein Buch auswählen und ausleihen können.

▶ Einen solchen Besuch kann man für die gesamte Gruppe oder – auf mehrere Besuche verteilt – für mehrere Kleingruppen planen.

→ öffentliche Bücherei in der Nähe

❗ Wichtig: Für ausreichende Anzahl erwachsener Begleitpersonen sorgen.

Durchführung

▶ Bevor es losgeht, sollte der Büchereibesuch mit den Kindern besprochen werden. Wichtig ist hier, in einfachen Worten zu formulieren, mit welchen Verhaltenserwartungen der Besuch verbunden ist. Angemessene Orientierungshilfen tragen im Endeffekt dazu bei, dass die Kinder ihren Ausflug genießen können.

▶ Nach dem Besuch sollten die Kinder Gelegenheit bekommen, ihre Erlebnisse zu besprechen. Geben Sie ihnen Zeit, gemeinsam die ausgeliehenen Bücher anzuschauen und darüber zu reden.

▶ Ermuntern Sie die Kinder dazu, vor der Gruppe über das Buch, das sie sich ausgesucht haben, zu sprechen.

Vertiefung

▶ Planen Sie weitere Besuche.

Variationen

▶ Eventuell benötigen Sie für den Besuch zusätzliche Hilfe durch Erwachsene.

▶ Ermuntern Sie die Kinder dazu, auch mit ihren Eltern die Bücherei zu besuchen und Bücher auszuleihen.

Lesezeiten

Lernerfahrungen

▶ Leseinteresse entwickeln.

Vorbereitung

▶ Stellen Sie sicher, dass jederzeit vielfältiges Lesematerial zur Verfügung steht.

➜ große Auswahl an Büchern und vielfältiges Lesematerial (Zeitschriften, Comics, Broschüren usw.)

Durchführung

▶ Kinder entwickeln manchmal die Vorstellung, dass man sich nur in definierten Situationen und zu bestimmten Zeiten mit Lesematerial beschäftigt (zum Beispiel beim regelmäßigen Vorlesen in der Gruppe). Lesen kann für sie schnell den Charakter einer ausnahmsweisen Beschäftigung bekommen, es sei denn, sie sind auch zu Hause an den alltäglichen Umgang mit Büchern gewöhnt.

▶ Versuchen Sie, „Lesezeiten" in den Gruppenalltag zu verankern. Jede Situation und jeder Zeitpunkt kann zur Lesezeit werden. Beispiel: eine Pause zwischen zwei Aktivitäten mit einem Buch in der Leseecke verbringen. Zu Lesezeiten kann man sowohl in einem Raum sowie auch draußen (im Garten, im Park usw.) finden. Sie können wenige Momente dauern oder eine längere Zeitspanne in Anspruch nehmen. Man kann sie allein oder zu mehreren genießen. Sie können Anlass zum Nachdenken geben oder Spaß und Vergnügen bereiten. Lassen Sie die Kinder an Ihrem Lesevergnügen teilhaben. Sie vermitteln so, dass Lesen als „normale" Aktivität den Alltag eines jeden Menschen begleiten und bereichern kann.

▶ Geben Sie reichlich positives Feedback, wenn die Kinder beginnen, eigene Lesegewohnheiten zu entwickeln und „Lesezeiten" zu nutzen.

Vertiefung

▶ Eventuell werden für Lesezeiten einige einfache Regeln benötigt. Beispiel: Wenn ein Kind draußen eine Lesezeit verbracht hat, legt es das Buch wieder zurück bevor es eine neue Aktivität beginnt.

▶ Lesezeiten sind freie Aktivitäten. Falls ein Kind über ein Buch sprechen möchte, sollten die Erwachsenen darauf eingehen. Vermeiden Sie es jedoch, jede Lektüre ausführlich zu reflektieren. In den Kindern kann schnell der Eindruck entstehen, dass auf jede Lesezeit unvermeidlich eine „Fragestunde" folgt.

Variationen

▶ Regen Sie die Kinder dazu an, auch zu Hause Lesezeiten zu nutzen.

Ähnliche Aktivitäten

▶ Bilderbücher selbst gestalten (siehe S. 93)

Bilderbücher selbst gestalten

Lernerfahrungen
▶ Interesse an Büchern entwickeln.

Vorbereitung
▶ Lesen Sie den Kindern *Brauner Bär, wen siehst denn du?* vor und zeigen Sie die Bilder dazu.

Durchführung
▶ Arbeiten Sie nun mit dem DIN-A3-Papier weiter. Schreiben Sie oben auf jede Seite in Druckschrift einen Teil der Geschichte. Lesen Sie den Text mit den Kindern. Ermuntern Sie sie, die Worte mitzusprechen.
▶ Anschließend erhält jedes Kind ein Stück Papier und malt ein Bild zu der Geschichte. Kleben Sie die Bilder auf die entsprechende Seite. Es spielt keine Rolle, wie viele Versionen zu einem bestimmten Teil des Buches auf die einzelnen Seiten geklebt werden. Wesentlich ist, dass alle Kinder so viel beitragen wie möglich.
▶ Fügen Sie eine Vorder- und eine Rückseite aus Tonpappe hinzu. Lochen Sie die Seiten und fassen Sie sie mit Hilfe von Heftstreifen zu einem Buch zusammen.
▶ Lesen Sie gemeinsam mit den Kindern das selbst gefertigte Bilderbuch. Lesen Sie noch einmal das Original. Lassen Sie die Kinder beide Buchversionen vergleichen.

> ➔ *Bill Martin und Eric Carle: Brauner Bär, wen siehst denn du? (Gerstenberg)* oder eine andere Geschichte, die einem Muster von Wiederholungen folgt
> ➔ Papier (DIN-A3)
> ➔ schwarzer Filzstift
> ➔ kleinformatiges Papier
> ➔ Klebstoff
> ➔ 2 Bögen Tonpappe (DIN-A3)
> ➔ Locher
> ➔ Heftstreifen

Vertiefung
▶ Stellen Sie von jedem Lieblingsbuch der Kinder eine Gruppenversion her.
▶ Legen Sie die „Gruppenbücher" zusammen mit den Originalen an denselben Platz in der Leseecke.
▶ Ermuntern Sie die Kinder dazu, diese Bücher gemeinsam zu betrachten, wann immer sie Gelegenheit zu einer Lesezeit haben.

Variationen
▶ Die Kinder dürfen Gruppenbücher ausleihen, um sie zu Hause zu lesen.

Ähnliche Aktivitäten
▶ Lesezeiten (siehe S. 92)

Spaß am Lesen

⇥ Broschüren
⇥ Landkarten
⇥ Fahrpläne
⇥ Telefonbücher
⇥ Kochrezepte
⇥ Zeitschriften
⇥ Comics
⇥ Etiketten
⇥ Notizen
usw.

Lernerfahrungen

▶ Erfahren, dass Lesen zum alltäglichen Leben gehört.
▶ Unterschiedliches Lesematerial kennenlernen.

Durchführung

▶ Zu einer sinnvoll eingerichteten Leseecke gehören vielfältige Lesematerialien – nicht nur Bücher.
▶ Nutzen Sie möglichst viele Quellen, um Lesestoff zu sammeln – zum Beispiel Geschäfte, Tankstellen, Informationsstände und -zentren usw. Häufig finden Sie hier kostenloses Material. Auf diese Weise erfahren die Kinder, dass Lesen zum Alltag dazugehört und sich nicht auf Bücher beschränkt.
▶ Beziehen Sie Lesematerialien so oft wie möglich in Aktivitäten ein. Beispiel: Sie planen einen Ausflug. Schauen Sie gemeinsam auf eine Landkarte und zeigen Sie den Kindern ihr Ausflugsziel. In dieser Entwicklungsstufe ist es nicht Ziel, die Kinder zum Lesen anzuregen; vielmehr sollen die Kinder Gelegenheit erhalten, konkret zu erfahren, wie nützlich die Lesefähigkeit im Alltag ist.
▶ Machen Sie Notizen oder erstellen Sie Listen. Ermuntern Sie die Kinder dazu, Ihnen bei der Planung von Ausflügen oder besonderen Aktivitäten zu helfen. Wenn möglich, nutzen Sie Informationsmaterial (etwa von einem Zoo, einer Bücherei etc.).

Vertiefung

▶ Besuchen Sie regelmäßig die Leihbücherei in Ihrer Nähe. Zeigen Sie den Kindern, wie die Bücher dort sortiert sind.

Variationen

▶ Die Kinder dürfen von zu Hause Broschüren, Kataloge und dergleichen mitbringen. Vor der Gruppe können sie darüber erzählen.

Ähnliche Aktivitäten

▶ Gemeinsam schmökern (siehe S. 98)

Sprache und Verständigung

Schilder und Hinweise

Lernerfahrungen

▶ Einige vertraute Symbole oder Wörter wiedererkennen.

Vorbereitung

▶ Nutzen Sie Alltagssituationen, um einzelne Symbole oder Hinweise zu
zeichnen oder aufzuschreiben.

→ Fotokarton
→ Filzstifte

Durchführung

▶ Achten Sie darauf, dass die Kinder Sie beobachten können, während Sie
zeichnen. Sprechen Sie über die Bedeutung gemeinsam mit den Kindern.
Stellen Sie sicher, dass die Kinder wissen, weshalb Sie diese Symbole
gezeichnet haben.

▶ Beispiel: Sie möchten die Kinder darauf hinweisen, die Leseecke in
Ordnung zu halten. Besprechen Sie dieses Anliegen im Sitzkreis.
Schlagen Sie den Kindern vor, ein Schild zu malen, um sie ans
Aufräumen zu erinnern. *Was sollte auf dem Schild zu sehen sein?* Wenn
Sie gemeinsam mit den Kindern eine geeignete (sehr einfache)
Bildsprache gefunden haben, zeichnen Sie das entsprechende Bild auf
ein Pappschild. Die Kinder schauen dabei zu. Entscheiden Sie zusammen
mit den Kindern, wo das Schild angebracht werden soll.

Vertiefung

▶ Zeichnen Sie Schilder für Rollenspielsituationen, auch auf Anfrage der
Kinder. Beispiel: ein Schild mit „Briefmarken" für das Postamt. Fragen
Sie die Kinder hin und wieder, ob sie noch wissen, was auf dem Schild
steht.

▶ Verfahren Sie genauso in anderen Lernbereichen und –situationen.

Geschichten erfinden

Lernerfahrungen

▶ Selbst eine Geschichte erfinden.

▶ Mit anderen Kindern interagieren.

Vorbereitung

▶ Stellen Sie eine Auswahl an Gegenständen zusammen. Alternativ dazu können Sie einige Kinder bitten, bestimmte Gegenstände von zu Hause mitzubringen.

Durchführung

▶ Die Kinder sitzen ruhig als Gruppe zusammen. Erklären Sie, dass Sie gemeinsam eine Geschichte erfinden wollen. Zeigen Sie den Kindern die mitgebrachten Gegenstände. Ziel ist es, anhand dieser Dinge eine Geschichte mit einer sinnvollen Handlung zu erfinden.

▶ Fragen Sie die Kinder zu Beginn: *Von wem soll die Geschichte handeln?* Es kann sein, dass die Kinder zunächst eine Person nennen, die sie aus anderen Geschichten kennen. Gehen Sie auf ihren Vorschlag ein – zu einem späteren Zeitpunkt sind Kinder vielleicht in der Lage, sich selbst eine Figur auszudenken.

▶ Sprechen Sie jedes Kind einzeln an und fordern Sie es auf, die Geschichte weiterzuspinnen. Nutzen Sie die mitgebrachten Gegenstände als „Leitfaden", um die Geschichte zu entwickeln.

Vertiefung

▶ Sollte den Kindern ihre eigene Geschichte gefallen, können sie sie zu einem Buch verarbeiten. Wählen Sie eine kleine Gruppe von Kindern aus. Die Kinder malen Bilder zu der Geschichte und sehen Ihnen dabei zu, wie sie die Handlung in einfachen Worten aufschreiben.

> Vier bis fünf Gegenstände, z. B. ein Spielzeug, eine Geburtstagskarte, ein Bild, ein Kleidungsstück
> Papier
> Mal- und Zeichenstifte

Sprache und Verständigung

Wir lesen

Lernerfahrungen

▶ Auf Bücher mit Interesse reagieren.

▶ Eine Vorliebe für Bücher entwickeln.

▶ Erfahren, das Schrift Information vermittelt.

Durchführung

▶ Schauen Sie mit dem Kind eines der Bücher von Sigrid Heuck (oder vergleichbare Bücher, in denen einzelne Wörter durch Bilder ersetzt werden) an. Wenn das Kind die Geschichte noch nicht kennt, lesen Sie sie zunächst vor. Fragen Sie das Kind dann: *Sollen wir das Buch jetzt zusammen lesen?*

▶ Schaffen Sie eine behagliche Atmosphäre, die Nähe vermittelt. Lassen Sie das Kind so viel Bilder wie möglich selbst deuten. Wenn erforderlich, geben Sie Hilfestellung.

▶ Gehen Sie gemeinsam den Text durch. Zeigen Sie mit dem Finger auf die einzelnen Wörter und sprechen Sie sie gleichzeitig aus.

> ➜ Bilderbücher von *Sigrid Heuck: Pony, Bär und Apfelbaum (... und Abendstern, ... und Papagei, ... Schneegestöber)*, erschienen bei *Thienemann*

Vertiefung

▶ Ermuntern Sie das Kind, ein Bilderbuch zu wählen, das ihm noch neu ist. Schauen Sie die Bilder zunächst gemeinsam an: *Wovon könnte die Geschichte handeln?* Lesen Sie die Geschichte dann vor.

Gemeinsam schmökern

Lernerfahrungen

▶ Eine Vorliebe für Bücher entwickeln.

▶ Erste „Lesegewohnheiten" aufbauen.

Vorbereitung

▶ Sorgen Sie dafür, dass die Kinder Vorlesezeiten und das gemeinsame Betrachten von Geschichten- und Bilderbüchern genießen. Geben Sie dem „gemeinsamen Schmökern" einen festen Platz im täglichen Ablauf (zum Beispiel nach dem Frühstück). Für die Kinder wird das Vorlesen damit zur regelmäßigen Aktivität, auf die sie sich freuen können.

Durchführung

▶ Lesegewohnheiten, die die Kinder ein Leben lang begleiten sollen, erwachsen aus ersten positiven Erfahrungen mit Büchern und Geschichten. Solche Erfahrungen helfen gleichzeitig, den Leselernprozess vorzubereiten. Gemeinsames Schmökern und Bücher-Betrachten wird für die Kinder zu einer besonders wertvollen Erfahrung, wenn unter anderem folgende Aspekte beachtet werden:

  ▷ Stellen Sie sicher, dass die Kinder sowohl die Bilder als auch den Text sehen können.

  ▷ Zeigen Sie während des Lesens mit dem Finger auf die einzelnen Worte. Folgen Sie dabei dem Textfluss von links nach rechts.

  ▷ Schenken Sie besonders solchen Bildern viel Aufmerksamkeit, die kleine Nebenhandlungen enthalten.

  ▷ Legen Sie hin und wieder eine Pause ein. Fragen Sie die Kinder: *Was passiert wohl als Nächstes?*

  ▷ Wenn es angebracht erscheint, sollten Sie Zeit für ein Gespräch über das Gelesene einräumen, bevor Sie zur nächsten Seite übergehen.

  ▷ Ermuntern Sie die Kinder, die Geschichte anhand der Bilder nachzuerzählen.

▶ Greifen Sie immer wieder auf Lieblingsgeschichten der Kinder zurück.

▶ Lassen Sie die Kinder Bücher zum Vorlesen auswählen. Besprechen Sie mit ihnen ihre Wahl: *Wovon handelt die Geschichte?, Gefällt sie dir?, Warum?, Was machen die Personen in der Geschichte?, Hat die Geschichte ein gutes Ende?, Warum? usw.*

Vertiefung

▶ Regen Sie die Kinder dazu an, die Geschichten zu den Bildern selbst zu erzählen.

▶ Ermuntern Sie die Kinder, auch zu Hause mit Erwachsenen zu „lesen".

Bilderbücher

Überall Wörter und Zeichen

 15 · frei · 1–5

Lernerfahrungen

▶ Begriffe kennen und ordnen, die im Alltag häufig zu finden sind.

Vorbereitung

▶ Besprechen Sie mit den Kindern, welche Wörter ihnen im Alltag oft begegnen. Ermuntern Sie sie, nach solchen Wörtern zu suchen.

→ Fotokarton
→ Filzstifte

Durchführung

▶ Sprechen Sie über Wörter, die im Gruppenraum oder in der Nähe der Gruppe zu sehen sind.

▶ Geben Sie positive Rückmeldung, wenn Kinder diese Wörter wiedererkennen – sie üben damit ihre Wahrnehmungsfähigkeit, die unter anderem auch für das spätere Lesenlernen wichtig sind.

▶ Sammeln Sie Wörter aus dem Alltag, die die Kinder zum Beispiel auf der Straße oder auf dem Spielplatz gesehen haben.

Vertiefung

▶ Zeichnen Sie für die gefundenen Begriffe große Karten und hängen Sie sie an geeigneter Stelle auf. Bei passenden Gelegenheiten kann die Aufmerksamkeit der Kinder auf diese Begriffe gelenkt werden (zum Beispiel, wenn ein solches Wort in einer Vorlesegeschichte vorkommt).

Schilder und Aufschriften

Lernerfahrungen

▶ Schilder und Aufschriften in der Umgebung erkennen und deuten.

Vorbereitung

▶ Die Gruppe auf einen Spaziergang vorbereiten.

Durchführung

▶ Erklären Sie den Kindern die Absicht des Spaziergangs: Sie sollen Ausschau nach Schildern mit Symbolen oder Aufschriften halten.

→ freier Platz im Gruppenraum

→ großer Papierbogen, Flipchart

→ Filzstift

❗ Wichtig: Auf eine ausreichende Anzahl erwachsener Begleitpersonen achten.

▶ Regen Sie die Kinder dazu an, nach Straßenschildern, Verkehrsschildern, Aufschriften auf Ladentüren, Plakaten usw. zu suchen.

▶ Geben Sie viel positives Feedback, wenn die Kinder fündig geworden sind. Fragen Sie sie, ob sie einzelne Buchstaben erkennen können. Lesen Sie ihnen vor, was auf den Aufschriften steht. Ermuntern Sie die Kinder, die Wörter auszusprechen.

▶ Nach der Rückkehr in den Gruppenraum wird der Spaziergang besprochen: *An welche Schilder, Bilder und Aufschriften könnt ihr euch erinnern?* Malen Sie die gefundenen und gedeuteten Schilder auf einen großen Papierbogen auf. „Lesen" Sie gemeinsam die gesammelten Schilder.

Sprache und Verständigung

Namen raten

Lernerfahrungen
▶ Namen erkennen.

Vorbereitung
▶ Stellen Sie sicher, dass die Kinder sich vorab anhand der Wortkarten mit den Namen der anderen Gruppenmitglieder vertraut gemacht haben.

→ Wortkarten mit den Namen der Kinder

Durchführung
▶ Erklären Sie den Kindern das Spiel: Die Karten mit den Namen der Kinder werden auf dem Tisch verteilt. Reihum finden die Kinder die Karte mit ihrem eigenen Namen und nehmen sie an sich. (Oft können Kinder ihren Namen sogar dann erkennen, wenn die Karte in umgekehrter Richtung liegt.)

▶ Wenn alle Karten eingesammelt sind, werden sie neu gemischt. Verteilen Sie sie wieder auf dem Tisch. Nennen Sie nun einen Namen. Fragen Sie die Kinder, wer die richtige Karte herausfinden kann. Das Kind, nach dessen Namen gesucht wird, darf seine Karte nicht berühren oder auf andere Weise verraten, wo sie liegt – bis die anderen Mitglieder eine Ratechance hatten.

 15   4–6

Namen wiedererkennen

Lernerfahrungen

▶ Mit dem eigenen Namen und den Namen anderer Personen vertraut werden.

→ Karteikarten
→ Filzstift

Vorbereitung

▶ Stellen Sie sicher, dass jedes Kind die Namen der anderen Gruppenmitglieder und der Mitglieder des Teams kennt. Fertigen Sie für jedes Kind und für jedes Teammitglied eine Wortkarte mit dem jeweiligen Namen an.

Durchführung

▶ Halten Sie eine einzelne Karte hoch. Fragen Sie die Kinder, wessen Name darauf steht. Das betreffende Kind sollte seinen Namen wiedererkennen – falls nicht, geben Sie einen Tipp, zum Beispiel, indem Sie den Anfang des Namens deutlich aussprechen: *Der Name beginnt mit Llllll...* (für Lisa).

▶ Geben Sie jedem Kind „seine" Karte. Sammeln Sie am Schluss alle Karten wieder ein und bewahren Sie sie für spätere Spielsituationen auf.

Vertiefung

▶ Beziehen Sie die Namen der erwachsenen Teammitglieder in das Spiel ein.

▶ Geben Sie einem Kind eine Karte mit dem Namen eines anderen Kindes. Das Kind findet heraus, wessen Name es ist und gibt die Karte an das betreffende Kind ab.

▶ Lassen Sie die Kinder gewähren, wenn sie ihren eigenen Namen schreiben möchten (zum Beispiel unter selbstgemalte Bilder). Ermuntern Sie die Kinder, die Namen der anderen Kinder auf Zeichnungen wiederzuerkennen.

Sprache und Verständigung

Einkaufsliste

Lernerfahrungen

▶ Erfahren, dass Schrift Information repräsentiert.
▶ Einige bekannte oder gebräuchliche Wörter erkennen.

Vorbereitung

▶ Besorgen Sie jeweils zwei identische Sätze von Warenverpackungen, zum Beispiel zwei gleiche Müslischachteln, zwei Mehl- oder Zuckertüten, zwei Konservendosen, zwei Kartons für Saft oder Milch usw. Schneiden Sie die Etiketten von einem Satz der Verpackungen aus. Legen Sie die anderen Verpackungen in den Pappkarton oder stellen Sie sie gegebenenfalls im Kaufladen in der Spielecke auf. Kleben Sie die ausgeschnittenen Etiketten auf Fotokarton (zur besseren Handhabung).

→ Verpackungen von Waren
→ Scheren
→ Fotokarton
→ Klebstoff
→ Einkaufstaschen (z. B. Tragetaschen aus Stoff)
→ großer Pappkarton

Durchführung

▶ Jedes Kind erhält eine Einkaufstasche. Verteilen Sie die Etiketten an die Kinder. Jedes Kind hat nun seine eigene „Einkaufsliste". Damit gehen die Kinder „einkaufen" (also zum Kaufladen in der Spielecke oder zur Pappkiste mit den Warenverpackungen) und füllen ihre Tasche mit den entsprechenden Artikeln.
▶ Die Kinder setzen sich wieder hin und packen ihre Einkäufe aus. Fordern Sie die Kinder auf, die Etiketten den Waren zuzuordnen.

Ich kann ...

Lernerfahrungen

▶ Auditive Wahrnehmung trainieren (hier: Anfangslaute erkennen).

▶ Wörter nennen, die mit einem bestimmten Anfangslaut beginnen.

Durchführung

▶ Dieses Spiel ist geeignet, in das Spielrepertoire der Gruppe aufgenommen zu werden. Spielverlauf: Jedes Kind kommt der Reihe nach dran. Der/die Erwachsene fragt das erste Kind: *Was kannst du tun, das mit ‚a' anfängt?* Antwort zum Beispiel: *Angeln*. Fragen Sie das nächste Kind: *Was kannst du tun, das mit ‚b' anfängt?* Antwort zum Beispiel: *Bauen*. Gehen Sie auf diese Weise das Alphabet durch. Bei einigen Anfangslauten könnte es schwierig sein, sinnvolle Wörter zu finden. Lassen Sie diese Laute aus (oder erfinden Sie „Quatschwörter"). Bei der nächsten Spielrunde dürfen Worte aus der ersten Runde nicht wiederholt werden.

Vertiefung

▶ Variieren Sie die Spielidee: Statt einer Tätigkeit können die Kinder zum Beispiel Speisen, Getränke oder einen Gegenstand aus der Umgebung nennen.

▶ Singen Sie mit den Kindern ein Lied vom Alphabet.

Welche Buchstaben passen zusammen?

Lernerfahrungen

▶ Laute erkennen und zuordnen.

Vorbereitung

▶ Bereiten Sie Bildkarten mit Wörtern zu jedem Buchstaben im Alphabet vor. Sie können diese auch laminieren.

Durchführung

▶ Präsentieren Sie eine Bildkarte. Fragen Sie die Kinder, mit welchem Laut der Gegenstand auf dem Bild beginnt. Lassen Sie die Kinder abwechselnd nach der passenden Buchstabenkarte suchen. Falls jedes Kind über einen Satz Buchstabenkarten verfügt, können Sie ein „Buchstaben-Bingo" spielen: Alle Kinder versuchen, den passenden Buchstaben zu finden. Wer zuerst Erfolg hat, erhält einen Punkt.

➔ Tonpapier
➔ Scheren
➔ ggf. transparente Klebefolie
➔ Filzstift
➔ Flipchart oder Tafel

Welches Wort passt nicht?

Lernerfahrungen

▶ Auditive Wahrnehmung trainieren.

Vorbereitung

▶ Dieses Spiel übt die Kinder darin, einzelne Laute voneinander zu unterscheiden.

Durchführung

▶ Erklären Sie den Kindern das Spiel: Sie sprechen den Kindern eine Anzahl von Wörtern vor. Bis auf ein Wort beginnen alle Wörter mit demselben Anfangslaut. Beispiel: *Tasche, Tisch, Tuch, Maus, Tomate*. Die Kinder hören genau zu und versuchen, das Wort herauszufinden, das nicht passt. Wer glaubt, die richtige Antwort zu kennen, hebt die Hand.

Vertiefung

▶ Die Kinder führen abwechselnd das Spiel an. Sie nennen mindestens drei Wörter mit demselben Anfangslaut und ein Wort mit einem abweichenden Laut. Dabei werden die Kinder zunächst Ihre Hilfe brauchen. Mit großer Wahrscheinlichkeit werden sie zunächst das Wort mit dem abweichenden Anfangslaut an das Ende der Reihe stellen. Leiten Sie sie dazu an, sich zunächst für bestimmte Wörter zu entscheiden und dann das nicht passende Wort an zweiter oder dritter Stelle zu nennen.

In welcher Reihenfolge?

Lernerfahrungen

▶ Objekte in sinnvolle Reihenfolgen ordnen.

▶ Eine Geschichte nacherzählen.

Vorbereitung

▶ Zeichnen oder malen Sie einfache Bildkarten zu den Hauptereignissen einer Geschichte. Die Kinder sollten die Geschichte gut kennen. Mischen Sie die Karten.

⇨ Papier oder Tonpapier
⇨ Filzstifte

Durchführung

▶ Erklären Sie den Kindern das Spiel: Sie haben zu einer Lieblingsgeschichte der Kinder Bilder gemalt. Leider sind die Bildkarten durcheinandergeraten. Können die Kinder die Bilder in die richtige Reihenfolge bringen?

▶ Legen Sie die Bildkarten ungeordnet auf einen Tisch. Die Kinder betrachten die einzelnen Bilder und beschreiben, was sie sehen. Das Spiel wird interessanter, wenn die Kinder erraten müssen, um welche Geschichte es sich handelt.

▶ Lassen Sie die Kinder ein Gespräch über die Bilder entwickeln. Greifen Sie nur dann ein, wenn sie nicht weiterwissen.

▶ Im nächsten Schritt ordnen die Kinder die Bildkarten entsprechend dem Handlungsablauf in der Geschichte. Regen Sie die Kinder an, dabei so viele sachgerechte Begriffe wie möglich zu verwenden, zum Beispiel *zu Anfang, zuerst, am Beginn, dann, als Nächstes, zuletzt, zum Schluss.*

▶ Wenn die Bilder in der richtigen Reihenfolge liegen, erzählen die Kinder die Geschichte nach.

Vertiefung

▶ Setzen Sie Geschichten mit wiederkehrenden Sätzen oder Reimen ein. Schreiben Sie die Sätze auf Karten. Die Kinder fügen die Worte an die passende Stelle in der Bildreihe ein.

▶ Lesen Sie den Kindern die Worte vor. Ermuntern Sie sie, die Sätze nachzusprechen.

Ähnliche Aktivitäten

▶ Bildreihen (siehe S. 112)

Gleich – verschieden

Lernerfahrungen

▶ Visuelle Wahrnehmung trainieren (hier: Ähnlichkeiten und Unterschiede).

Vorbereitung

▶ Eine wichtige Voraussetzung für das Lesenlernen ist die visuelle Unterscheidung von gleichen und unterschiedlichen Formen.

▶ Fotokopieren Sie die Vorlage von Seite 166 (oder andere Bilder Ihrer Wahl) auf Fotokarton. Schneiden Sie die Bildkarten aus. Zur besseren Haltbarkeit können sie laminiert werden.

▶ Mit Hilfe eines Fotokopierers oder eines Computers können weitere Bildkartensätze selbst gestaltet werden.

Durchführung

▶ Besprechen Sie mit den Kindern die Bildkarten. Fordern Sie sie auf, herauszufinden, welche Bilder gleich und welche verschieden sind. Regen Sie die Kinder dazu an, die Unterschiede im Detail aufzufinden und zu beschreiben.

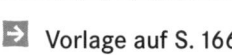

- ➡ Vorlage auf S. 166
- ➡ ggf. transparente Klebefolie
- ➡ Papier
- ➡ Fotokarton
- ➡ Filzstifte
- ➡ Scheren

! Beim Umgang mit Scheren ist Vorsicht geboten.

▶ Nutzen Sie die Bildkarten als Kartenspiele:
  ▷ Breiten Sie die Karten auf einem Tisch aus. Die Kinder sammeln alle Karten ein, die gleich sind.
  ▷ Die Karten werden wieder ausgebreitet; die Kinder sammeln die Bildkarten ein, die sich von den anderen Bildern unterscheiden.
  ▷ Die Karten liegen mit der Bildseite nach unten auf dem Tisch. Reihum decken die Kinder die Karten auf und versuchen, identische Bildpaare zu finden.
  ▷ Verteilen Sie die Bildkarten mit der Bildseite nach unten auf dem Tisch. Die Kinder sortieren die identischen Karten aus und versuchen, die Bildkarten „einzufangen", die nicht zu den anderen passen.

Sprache und Verständigung

Buchstaben-Box

Lernerfahrungen

▶ Auditive Wahrnehmung trainieren (hier: Anfangslaute erkennen).

Vorbereitung

▶ Fertigen Sie für jeden Buchstaben eine Bildkarte an (zeichnen oder aus Zeitschriften ausschneiden und aufkleben). Die Bilder sollten Gegenstände zeigen, die die Kinder leicht wiedererkennen können. Beispiel: *b* für *Bär*.

Durchführung

▶ Die Kinder sitzen im Kreis. Stellen Sie den Pappkarton in die Mitte. Zeigen Sie den Kindern eine Buchstaben-Karte und das dazu passende Bild. Überlegen Sie gemeinsam mit den Kindern, welche Dinge mit demselben Laut beginnen.

▶ Im nächsten Schritt schauen die Kinder sich im Raum um und suchen nach einem Gegenstand, der mit dem Laut beginnt. Der Reihe nach dürfen sie aufstehen und den Gegenstand holen. Die Gruppe entscheidet darüber, ob das Kind die richtige Wahl getroffen hat oder nicht. Wenn ja, legt das Kind den Gegenstand in den Pappkarton.

▶ Zum Schluss der Spielrunde werden alle Gegenstände aus der Kiste geholt und benannt. Anschließend werden sie an ihren ursprünglichen Platz zurückgebracht.

→ großer Pappkarton
→ Karten für Anfangslaute
→ Filzstifte
→ Zeitschriften (mit Bildern)
→ Scheren
→ Klebstoff

! Beim Umgang mit Scheren ist Umsicht geboten.

Vertiefung

▶ Verwenden Sie drei Buchstaben-Boxen während des Spiels. Die Kinder entscheiden selbst, für welchen Laut sie einen Gegenstand suchen möchten.

▶ Bitten Sie die Kinder, für dieses Spiel Dinge von zu Hause mitzubringen.

Formen erkennen

Lernerfahrungen

▶ Visuelle Wahrnehmung trainieren.

Vorbereitung

▶ Diese Aktivität lenkt die Aufmerksamkeit der Kinder auf die Unterschiede zwischen Formen. Formunterschiede wahrnehmen zu können ist wesentlich für das spätere Erkennen von Buchstaben und Wörtern.

▶ Schneiden Sie verschiedene Formen (Quadrate, Rechtecke, Kreise, Dreiecke usw.) in unterschiedlichen Größen aus Fotokarton aus.

Durchführung

▶ Mischen Sie die Formen und breiten Sie sie auf einem Tisch aus. Fordern Sie die Kinder auf, die Formen zu sortieren (Kreise, Rechtecke usw.). Welche Kartonstücke sind gleich/unterschiedlich geformt? Welche Formen haben die gleiche/eine unterschiedliche Farbe? Welche Formen haben die gleiche/eine unterschiedliche Größe?

→ Fotokarton in verschiedenen Farben

→ Scheren

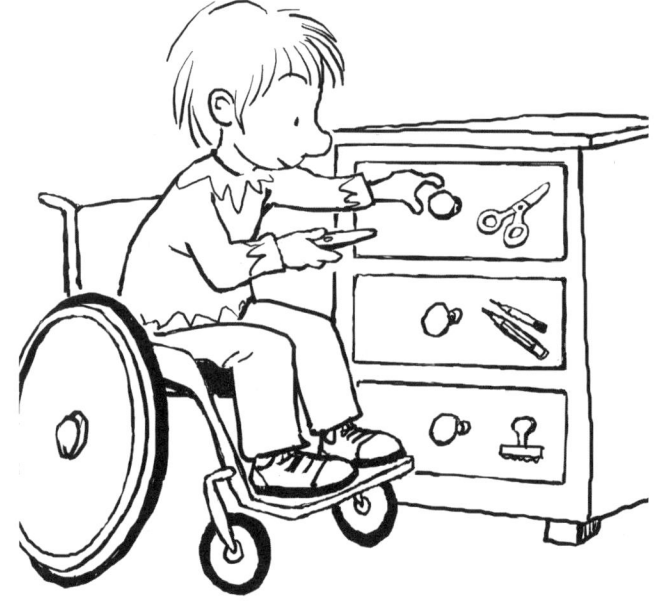

Sprache und Verständigung

Schilder drucken

Lernerfahrungen

▶ Mit dem Computer vertraut werden.

▶ Etiketten und Hinweise drucken.

Durchführung

▶ Schlagen Sie den Kindern vor, bestimmtes Zubehör oder Mobiliar im Gruppenraum mit Schildern zu versehen. Die Schilder sollen mit dem Computer gedruckt werden.

▶ Entscheiden Sie, wie komplex die Schilder gestaltet sein sollen. Im Textverarbeitungsprogramm Word for Windows© finden Sie beispielsweise unter „Einfügen", „Grafik", „Clipart" fertige Bilder, mit denen die Kinder arbeiten könnten. In Bildbearbeitungsprogrammen, beispielsweise unter Windows© unter „Programme", „Zubehör", „Paint" zu finden, können die Kinder selbst Bilder erstellen.

▶ Helfen Sie den Kindern, ihr Bild zu speichern und auszudrucken.

▶ Schneiden Sie die Schilder aus und befestigen Sie sie am vorgesehenen Platz.

Vertiefung

▶ Wiederholen Sie diese Aktivität in regelmäßigen Abständen, denn in einem Gruppenraum sehen solche Schilder schnell abgenutzt aus. Das Auswechseln der Schilder zeigt den Kindern, dass ihr Raum durch regelmäßiges Wegräumen und Erneuern von Dingen immer ordentlich und ansprechend aussieht.

▶ Nehmen Sie Vorschläge der Kinder für Darstellungen auf und stellen Sie gegebenenfalls neue Schilder her.

→ Computer
→ Textverarbeitungs-programm
→ Drucker
→ Papier oder Tonpapier (weiß oder pastellfarben)
→ Scheren
→ Klebeband

Bildreihen

→ Vorlage auf S. 167
→ Fotokarton
→ Filzstifte
→ Schere
→ ggf. transparente
Klebefolie

Lernerfahrungen

▶ Objekte in sinnvolle Reihenfolgen ordnen.

Vorbereitung

▶ Fotokopieren Sie die Vorlage von S. 167 auf Fotokarton. Malen Sie die Bilder farbig aus. Schneiden Sie die Bildkarten aus. Zur besseren Haltbarkeit können sie mit transparenter Klebefolie bezogen werden.

▶ Gestalten Sie Ihre eigenen Bildreihen.

Durchführung

▶ Mischen Sie die Karten der Bildkartensätze. (Geben Sie nicht die Bilder beider Sätze zusammen!)

▶ Betrachten Sie gemeinsam mit den Kindern die Bilder und besprechen Sie mit ihnen, was darauf zu sehen ist. Geben Sie den Kindern den Tipp, dass die Bilder eine „Geschichte erzählen", wenn man die Karten in die richtige Reihenfolge bringt.

▶ Die Kinder versuchen dann, die Bilder in der richtigen Reihenfolge anzuordnen. Anhand der Bildkarten erzählen sie Ihnen dann die Geschichte.

Vertiefung

▶ Für Kinder, denen das Anordnen von Bildkarten leichtfällt, können Sie kurze Handlungen aus Comics ausschneiden. Lassen Sie die Kinder zu zweit arbeiten. Anschließend erzählen sie Ihnen die Geschichte.

Ähnliche Aktivitäten

▶ In welcher Reihenfolge? (siehe S. 107)

Sprache und Verständigung

Buchstaben-Poster

⏱ 25 👥 alle ⚅

Lernerfahrungen

▶ Mit Buchstaben und Lauten vertraut werden.

Vorbereitung

▶ Gestalten Sie ein Buchstaben-Poster: Kleben Sie auf den Fotokarton 26 kleine „Taschen" aus Tonpapier (entsprechend der Buchstabenzahl des Alphabets). Die Taschen sollten wie kleine Betten aussehen. Kennzeichnen Sie jedes Bett in alphabetischer Reihenfolge mit einem Bild eines Gegenstandes oder Tieres. Schneiden Sie aus Fotokarton 26 dazu passende Kärtchen mit identischen Bildern.

→ Fotokarton
→ Tonpapier
→ Klebeband
→ Schere
→ Filzstifte

Durchführung

▶ Zeigen Sie den Kindern das Poster. Sprechen Sie mit ihnen über das Alphabet: *Welche Buchstaben gibt es? Für welche Laute stehen diese Buchstaben?*

▶ Zeigen Sie den Kindern die Bildkarten. Reihum dürfen die Kinder die Bilder „zu Bett bringen".

▶ Halten Sie jede Bildkarte hoch. Fragen Sie die Kinder, welchen Laut es am Anfang des Wortes enthält. Bestimmen Sie ein Kind, das den „Buchstaben", also das Bild, das mit ihm beginnt, in das passende „Bett" steckt.

Buchbesprechung

Lernerfahrungen

▶ Sich mit den Komponenten einer Geschichte auseinandersetzen.

Vorbereitung

▶ Lesen Sie ein Kinderbuch durch. Überlegen Sie, wie Sie den Kindern das Buch vorstellen können.

Durchführung

▶ Betrachten Sie das Buch gemeinsam mit den Kindern. Was ist außen auf dem Buch und auf den Seiten zu sehen (zum Beispiel Buchtitel, Name der Autorin/des Autors, Illustrationen usw.)? Lesen Sie gegebenenfalls den Klappentext vor. Erzählen Sie den Kindern, dass Sie das Buch mit viel Spaß gelesen haben. Beschreiben Sie die handelnden Personen, die wichtigsten Teile der Handlung, den Anfang der Geschichte und wie sie endet. Sprechen Sie auch darüber, weshalb das Buch Ihnen gefallen hat, zum Beispiel wegen seines Themas, weil es witzig geschrieben ist oder weil es Sie an ein Ereignis in Ihrem eigenen Leben erinnert.

▶ Erklären Sie den Kindern die Aufgabe: über ein Buch sprechen, das ihnen gut gefallen hat – auf die gleiche Weise, in der Sie Ihr Buch besprochen haben (Beschreibung der handelnden Personen und der wichtigsten Ereignisse). Bitten Sie die Kinder, ein Buch auszuwählen und der Gruppe darüber zu erzählen.

▶ Nehmen Sie die Kommentare der Kinder auf. Spielen Sie ihnen die Aufnahme später vor.

Vertiefung

▶ Die Kinder diktieren Ihnen oder anderen Erwachsenen, was ihnen zu den Büchern einfällt. Die Kinder malen anschließend Bilder dazu. Stellen Sie die „Buchbesprechungen" aus.

Sprache und Verständigung

Was mag der Bär am liebsten?

Lernerfahrungen

▶ Auditive Wahrnehmung trainieren (hier: Anfangslaute hören und aussprechen).

Vorbereitung

▶ Vorab sollte das Stofftier oder die Puppe mit Namen vorgestellt werden.

→ Stofftier oder Puppe

Durchführung

▶ Die Kinder sitzen im Kreis zusammen. Beginnen Sie damit, das Stofftier oder die Puppe vorzustellen. Beispiel: *Das ist Ben, der Bär. Er mag am liebsten Dinge, die genauso anfangen wie sein Name. Also mag er alles besonders gerne, was mit ,b' anfängt.* Fordern Sie die Kinder auf, der Reihe nach eine Sache mit b zu nennen.

▶ In der ersten Spielrunde werden nur Hauptwörter genannt: *Bonbons, Bälle, Bäume* usw. In der Runde versuchen die Kinder zu sagen, was der Bär gern tut: *baden, backen, bauen ...* Dann suchen die Kinder nach Adjektiven, die den Bären beschreiben: *braun, brav, bissig ...*

Vertiefung

▶ Spielen Sie ein Spiel, bei dem die Kinder aufzählen, was der Bär gern mag. Das erste Kind sagt *Bonbons*. Das zweite Kind beginnt mit *Bonbons* und fügt ein neues Wort an: *Bälle*. Das nächste Kind setzt die Reihe fort: *Bonbons, Bälle, Bäume* usw. Wie viele Wörter können die Kinder aneinanderreihen ohne durcheinanderzugeraten?

Witzige Sätze

Lernerfahrungen

▶ Anfangslaute von Wörtern hören und aussprechen.

▶ Laute mit Buchstaben verbinden.

▶ Mit Alliteration experimentieren.

Vorbereitung

▶ Die Kinder sitzen als Gruppe zusammen und sind bereit, aufmerksam zuzuhören.

Durchführung

▶ Sprechen Sie den Kindern einen Spaßsatz vor, zum Beispiel:
Spukrige Spinatspinnen spannen spitze spaßige Spaghettispinnennetze.
oder
Zwischen zwei Zwiebeln zirpen zwei Zikaden.

▶ Lassen Sie die Sätze nachsprechen, damit die Kinder den Witz erkennen.

▶ Bitten Sie die Kinder gemeinsam einen witzigen Satz zu erfinden, in dem jedes Wort mit dem gleichen Laut anfängt. Ermuntern Sie die Kinder, einen Laut zu nennen, mit dem sie beginnen möchten. Sprechen Sie den Buchstaben laut und bitten Sie die Kinder, den Laut nachzusprechen.

▶ Fordern Sie die Kinder auf, sich einen witzigen Satz auszudenken. Geben Sie einige einfache Beispiele vor wie *Susi siebt Suppe* oder *Sardinen singen Seemannslieder*.

▶ Spielen Sie dieses Spiel wiederholt über einen längeren Zeitraum und möglichst mit allen Buchstaben.

Vertiefung

▶ Schreiben Sie die Sätze auf und bitten Sie die Kinder, Bilder dazu zu malen. Stellen Sie die Ergebnisse aus.

▶ Wenn den Kindern das Spiel leichtfällt und sie offensichtlich Spaß daran haben, können Sie auch mit Doppellauten und Lautverbindungen arbeiten. Beispiele:
  ▷ Strolche stricken strohgelbe Strümpfe.
  ▷ Brillenschlangen brauen Brei.
  ▷ Spinnen spannen Spinnenfäden.

▶ Buch: *Petra Küspert/ Wolfgang Schneider: Hören, lauschen, lernen. Sprachspiele für Kinder im Vorschulalter (Vandenhoeck & Ruprecht)*

▶ Papier

▶ Filzstifte oder Wasserfarben

Farbwörter

Lernerfahrungen

▶ Anfangslaute hören und aussprechen.

▶ Einfache Wörter schreiben.

Vorbereitung

▶ Bereiten Sie ein „Farbenbuch" vor: Fassen Sie Tonpapierbögen in unterschiedlichen Farben mit einem Heftstreifen zusammen. Zeichnen Sie mit dickem Filzstift eine Sprechblase, schreiben Sie „Unser Farbenbuch" hinein und schneiden Sie sie aus. Kleben Sie die Sprechblase auf die Vorderseite des Buches.

▶ Die Kinder sitzen als Gruppe zusammen. Sie sind bereit, aufmerksam zuzuhören und sich zu beteiligen.

⮕ Tonpapier (in verschiedenen Farben)

⮕ Locher

⮕ Klebestift

⮕ Flipchart

Durchführung

▶ Besprechen Sie die Farben der einzelnen Seiten.

▶ Fragen Sie die Kinder, mit welchem Laut jedes Farbwort beginnt. Schreiben Sie den Buchstaben mit Fingern in die Luft.

Vertiefung

▶ Die Kinder schneiden Bilder oder Text in den verschiedenen Farben aus und kleben sie auf die entsprechenden Buchseiten.

Geschichten frei erzählen

→ Eine Geschichte, die Sie gern erzählen möchten.

Lernerfahrungen

▶ Zur Freude am Zuhören beitragen.

Vorbereitung

▶ Lesen Sie die Geschichte, die Sie erzählen möchten, mehrmals durch. Machen Sie sich mit den Hauptfiguren, der Handlung und Textteilen, die sich wiederholen, vertraut. Es ist sinnvoll, vor dem Erzählen die Geschichte in Gedanken zu „proben". Eventuell ist es notwendig, in der Erzählsituation auf die Reaktionen der Kinder flexibel einzugehen. Geschichten können durch geschickte Erzählweise gekürzt oder verlängert werden – je nach Interesse und Aufmerksamkeit, die die Kinder für eine bestimmte Geschichte aufbringen. Requisiten helfen, eine Handlung anschaulich wiederzugeben. Beispiele: Hand- oder Fingerpuppen, ausgeschnittene Bilder, Gegenstände als visuelle Vorstellungshilfen.

Durchführung

▶ Eine Geschichte *frei zu erzählen* anstatt sie *vorzulesen* eröffnet die Möglichkeit, sie situativ zu jedem passenden Zeitpunkt oder an jedem geeigneten Ort einzusetzen. Wird eine Geschichte frei erzählt, fällt es leichter, die Reaktionen der Kinder zu beobachten: Wer hört zu? Wessen Aufmerksamkeit schweift ab? Sind die Kinder interessiert oder gelangweilt? Wann lässt ihre Konzentrationsfähigkeit nach?

▶ Überlegen Sie vorab, wie Sie Ihre Stimme, Ihre Mimik und Ihre Körpersprache einsetzen wollen. Legen Sie Pausen ein, wenn Textteile wiederholt werden, damit die Kinder den weiteren Text oder die weitere Handlung voraussagen können. Legen Sie so viel Ausdruck und Lebendigkeit in Ihre Erzählung wie möglich, damit die Kinder der Handlung mit Spaß und Interesse folgen können. Betonen Sie den Rhythmus der Textteile und der Wörter, die die Kinder aufnehmen sollen.

▶ An der Reaktion der Kinder werden Sie die Qualität Ihrer Erzählung ablesen können.

Vertiefung

▶ Nicht nur freies Erzählen und Vorlesen von Geschichten führen Kinder an Geschichten heran – es lohnt sich auch, eigene Geschichten zu erfinden!

Ähnliche Aktivitäten

▶ Mit Handpuppen erzählen (siehe S. 121)

Einen Buchumschlag gestalten

Lernerfahrungen

▶ Auf eine Geschichte reagieren.

Vorbereitung

▶ Besprechen Sie mit den Kindern, wie ein Buchumschlag gestaltet ist.
Nehmen Sie als Beispiel einige Bücher, die die Kinder gut kennen.

Durchführung

▶ Lesen Sie den Kindern eine Geschichte vor (oder erzählen Sie sie).
Sprechen Sie über die Handlung: *Wer sind die Hauptfiguren? Was passiert
in der Geschichte? Wie heißt die Geschichte?* Oder haben die Kinder eine
Idee, wie man die Geschichte nennen könnte?

▶ Überlegen Sie gemeinsam mit den Kindern, wie ein Buch zu der
Geschichte aussehen könnte: Wie sollte der Buchumschlag gestaltet
werden? Was wäre darauf zu sehen? Regen Sie die Kinder an, möglichst
viele Ideen zu äußern.

▶ Fordern Sie die Kinder auf, einen Buchumschlag zu illustrieren und einen
Titel zu finden. Helfen Sie den Kindern bei der Beschriftung. Wörter und
Buchstaben können durchgepaust, entlang vorgezeichneter Linien
nachgespurt oder von Erwachsenen vorgeschrieben werden.

> → Tonpapier oder Fotokarton
> → Bleistifte
> → Buntstifte
> → Filzstifte
> → Bilderbücher

Vertiefung

▶ Ermuntern Sie die Kinder, ihre Umschlaggestaltungen den anderen
Kindern zu zeigen und zu kommentieren.

▶ Stellen Sie die fertigen Buchumschläge aus. Schreiben Sie dazu eine
geeignete Überschrift und eine kurze Erklärung über das betreffende
Buch. Lesen Sie den Text den Kindern vor.

Eigene Versionen

Lernerfahrungen

▶ Einen vorgegebenen Text als Vorbild nutzen, um eine Geschichte zu erfinden.
▶ Mit wachsender Konzentrationsfähigkeit zuhören.
▶ Zunehmend die Fähigkeit entwickeln, eine Handlung im Gedächtnis zu behalten.

Vorbereitung

▶ Wählen Sie ein Bilderbuch mit vielen Wiederholungen.

Durchführung

▶ Lesen Sie die Geschichte mehrmals vor. Fordern Sie die Kinder auf, Textteile, die sich wiederholen, mitzusprechen.
▶ Bitten Sie die Kinder, selbst eine Geschichte zu erfinden, die demselben Aufbau folgt (zum Beispiel wie die Geschichte vom braunen Bären).
▶ Überlegen Sie als Einstieg gemeinsam mit den Kindern, mit welchen Worten „Brauner Bär" ersetzt werden könnte. Weisen Sie die Kinder auf die Alliteration in „Brauner Bär" hin und ermuntern Sie sie, diesem Beispiel folgen. Beispiele: *flinker Fisch*, *große Giraffe*, *toller Tiger*.
▶ Folgen Sie diesem Muster und erfinden Sie dabei mit den Kindern eine neue Geschichte – je witziger, desto besser. Schreiben Sie die Ideen der Kinder auf eine Flipchart und lesen Sie ihnen die Ergebnisse vor.
▶ Wenn die Geschichte fertig ist, wird der Text auf einzelne Tonpapierseiten geschrieben. Fassen Sie die Seiten mit einem Heftstreifen zu einem Buch zusammen. Die Kinder dürfen das Buch mit eigenen Zeichnungen illustrieren.

Vertiefung

▶ Lesen Sie den Kindern ihre selbst erfundene Geschichte vor.
▶ Lassen Sie die Kinder den Text laut sprechen, während Sie auf die Wörter zeigen.
▶ Legen Sie das Originalbuch und die Version der Kinder an zugänglicher Stelle zum Anschauen und Vergleichen bereit.

Variationen

▶ Die Kinder dürfen das Buch leihweise mit nach Hause nehmen.

→ Eine Geschichte mit vielen Wiederholungen im Text, z. B. *Bill Martin und Eric Carle: Brauner Bär, wen siehst denn du?* (Gerstenberg)
→ Flipchart
→ Filzstift
→ Tonpapier
→ Heftstreifen
→ Locher

Mit Handpuppen erzählen

Lernerfahrungen

▶ Mit Freude Geschichten zuhören.
▶ Erfahren, dass Figuren und Ereignisse zu den wesentlichen Komponenten einer Geschichte gehören.
▶ Sprache nutzen, um Geschichten nachzuspielen oder nachzuerzählen.

Vorbereitung

▶ Lesen Sie mit den Kindern eine ihrer Lieblingsgeschichten.

Durchführung

▶ Sprechen Sie über die handelnden Personen in der Geschichte. Zeigen Sie den Kindern die Bilder: Wie sehen die Figuren aus? Welche Figur gefällt den Kindern am besten? Warum? Was mögen sie an den anderen Charakteren? Was gefällt ihnen nicht? Warum? Gibt es „gute" oder „schlechte" Figuren in der Geschichte? Woran können die Kinder erkennen, ob eine Figur „gut" oder „schlecht" ist?
▶ Fordern Sie die Kinder auf, Figuren der Geschichte als Handpuppen darzustellen und mit ihrer Hilfe die Geschichte nachzuspielen.
▶ Handpuppen können aus Papiertüten einfach hergestellt werden. Die Kinder malen das Gesicht einer Figur aus der Geschichte auf die Tüte. Mit Hilfe aufgeklebter Stoff- und Papierstücke wird die Puppe im Detail ausgestaltet.
▶ Wenn die Puppe fertig ist, wird sie über eine Hand gestülpt und mit einem losen Gummiband oder einer Schnur am Handgelenk fixiert.
▶ Die Kinder können nun mit ihren Handpuppen die Geschichte nachspielen.

Vertiefung

▶ Fertigen Sie aus einem Pappkarton ein Puppentheater an.
▶ Basteln Sie Stabpuppen aus Papptellern und Papprollen.
▶ Bitten Sie die Kinder, ihnen die Geschichte zu erzählen, bevor sie sie nachspielen.

> ⇨ Geschichte, die den Kindern besonders gut gefällt
> ⇨ Papiertüten
> ⇨ farbige Filzstifte
> ⇨ farbige Stoffreste und buntes Papier
> ⇨ Klebstoff
> ⇨ Gummibänder
> ⇨ Wolle oder Schnur
> ⇨ Pappkarton
> ⇨ Pappteller
> ⇨ Papier

Geschichten wiedererkennen

Lernerfahrungen

▶ Mit Freude Geschichten zuhören.

Durchführung

▶ Wählen Sie Bücher mit vielen Textwiederholungen und Reimen, die den Kindern gut gefallen. Lesen Sie bekannte Bücher oft vor. Ermuntern Sie die Kinder, während Sie lesen Textteile mitzusprechen. Zeigen Sie auf einzelne Wörter und Bilder. Die Kinder werden allmählich zwischen Wörtern und Bildern einen Zusammenhang herstellen und die betreffenden Passagen abwechselnd mit Ihnen „lesen". Manche Textteile kennen Kinder schnell auswendig, sodass es genügt, nur auf die Bilder zu zeigen.

Material:

→ Buch: *Norbert Landa: Bei der Maus zu Haus (Fleurus Verlag)*

→ Auswahl an Geschichten, mit denen die Kinder vertraut sind.

→ Großbilderbücher

Vertiefung

▶ Regen Sie die Kinder dazu an, zu zweit bekannte Bilderbücher zu betrachten und dabei ohne Ihre Hilfe den Text gemeinsam zu sprechen.

Prusten und pusten

Lernerfahrungen

▶ Gemeinsam und mit Freude Geschichten zuhören.

▶ Sprache mit Bewegung verbinden.

Vorbereitung

▶ Lesen Sie den Kindern die Geschichte *Die drei kleinen Schweinchen* vor (oder erzählen Sie sie). Legen Sie besonders viel Ausdruck in den Satz: „Dann will ich husten und prusten und dein Haus zusammenpusten!" Üben Sie mit den Kindern, wie man möglichst effektvoll pustet.

Durchführung

▶ Teilen Sie die Kinder in drei Gruppen ein. Jede Gruppe bildet eine Reihe, die Kinder stehen hintereinander. Erklären Sie den Kindern das Puste-Spiel: Bei dem Satz *Und ich pruste und puste und blase dein Halstuch weg!* versuchen die Kinder, das Tuch mit ihrer Puste in der Luft zu halten.

▶ Das erste Kind in jeder Reihe hält das Halstuch in die Höhe. Wenn Sie den Satz sprechen, lassen die Kinder das Tuch los und versuchen, es durch Pusten möglichst weit durch den Raum zu treiben. Wenn das Tuch zu Boden gesunken ist, setzt sich das Kind dort hin. Das nächste Kind aus dem Team nimmt das Tuch auf und setzt das Spiel fort.

▶ Das Spiel endet, wenn alle Kinder auf dem Boden sitzen. Zum Abschluss erzählen die Kinder die Geschichte nach.

Vertiefung

▶ Dieses Spiel kann mit Luftballons gespielt werden, allerdings sind Ballons schwerer zu steuern.

▶ Spielen Sie mit einer kleinen Gruppe, wobei jedes Kind ein Tuch erhält.

▶ Spielen Sie das Spiel als Wettbewerb: Welches Team hat die kräftigste Puste (sitzt zuletzt am Boden oder pustet das Tuch über die längste Entfernung)?

→ Geschichte: *Die drei kleinen Schweinchen (Gondrom)*

→ drei leichte Stofftücher (z. B. Halstücher aus Chiffon)

→ Raum für Bewegung

Geschichten verstehen

Lernerfahrungen
▶ Erfahren, wie Geschichten aufgebaut sind.

Durchführung
▶ Lesen Sie die Geschichte vor (oder erzählen Sie sie).
▶ Erklären Sie den Kindern, dass sie zu den einzelnen Teilen der Geschichte Bilder malen dürfen. Was geschieht am Anfang, in der Mitte und am Schluss?
▶ Fordern Sie die Kinder auf, ihre Bilder in der richtigen Reihenfolge hinzulegen und Ihnen die Geschichte zu erzählen. Ermuntern Sie sie, dabei möglichst viel von dem Text zu übernehmen.

→ eine Lieblingsgeschichte der Kinder
→ Papier
→ Bleistifte
→ Filzstifte

Vertiefung
▶ Die Kinder diktieren Ihnen die Geschichte. Sie schreiben die Ereignisse auf die entsprechenden Bilder. Anschließend werden die Bilder in der richtigen Reihenfolge aneinandergeklebt (als Leporello).
▶ Die Kinder lesen ihr Buch gemeinsam mit anderen Kindern oder erwachsenen Teammitgliedern.

Variationen
▶ Die Kinder erzählen von besonderen Erlebnissen oder Anlässen in ihrer Familie. Dazu gestalten sie ein Leporello.

Geschichten entwickeln

Lernerfahrungen

▶ Erfahren, aus welchen Komponenten sich Geschichten zusammensetzen
(Figuren, Reihenfolge von Ereignissen, Anfang einer Geschichte usw.).

▶ Ideen besprechen.

Vorbereitung

▶ Die Kinder sollten oft einer Geschichte zugehört haben.

➡ Ein Gegenstand,
der herumgereicht wird
(ein Ball, ein Spielzeug-
auto, ein Teddybär und
dergleichen).

Durchführung

▶ Die Kinder sitzen im Kreis. Erklären Sie die Aufgabe: Der Gegenstand,
den Sie in Ihrer Hand halten wurde von Ihnen speziell als „Erzählball/
Erzählauto/Erzählteddy" ausgesucht. Er wird den Kindern dabei helfen,
eine Geschichte zu erfinden. Sie beginnen die Geschichte und reichen
den Gegenstand dann weiter. Jedes Kind, das das Objekt in der Hand
hält, liefert einen Beitrag zu der Geschichte.

▶ Beispiel: Sie halten einen Ball in der Hand. Sie beginnen mit: *Es war
einmal ein Ball. Der Ball langweilte sich. Er wollte etwas Aufregendes
erleben. Also rollte er los.* Dann geben Sie den Ball an das erste Kind.

▶ Unterstützen Sie das Kind, die Geschichte weiterzuentwickeln: *Wo
könnte der Ball hingerollt sein?* Beispiel: *Der Ball rollte über die Straße und
immer weiter über die Berge bis er ans Meer kam ...)* Helfen Sie dem Kind,
an einer geeigneten Stelle aufzuhören, sodass das nächste Kind
übernehmen kann: ... *da kam eine Möwe vorbeigeflogen. Die Möwe sagte
zu dem Ball ...*

▶ Es kann passieren, dass die Kinder in eine Debatte darüber geraten, wie
die Geschichte weitergehen soll. Helfen Sie ihnen bei der Lösung des
Problems. Geben Sie ihnen den Tipp, dass in Geschichten *alles* möglich
ist. Stellen Sie sicher, dass für die Geschichte ein Schluss erfunden wird.

Vertiefung

▶ Einzelne Kinder erzählen die Geschichte dem Rest der Gruppe.

▶ Die Kinder malen Bilder zu der Handlung. Schreiben Sie Schlüsselwörter
dazu, die die Kinder wiedererkennen können.

Bildgeschichten

Lernerfahrungen

▶ Ereignisse beschreiben, die auf Bildern dargestellt sind.

▶ Ausgehend von Bildern einfache Geschichten entwickeln.

Vorbereitung

▶ Stellen Sie eine Auswahl von Bildern zusammen, die ein bestimmtes Ereignis darstellen.

Durchführung

▶ Besprechen Sie mit den Kindern die Bilder. Stellen Sie Fragen dazu.

  ▷ *Welche Personen sind auf den Bildern zu sehen? Ist es eine Familie? Wer ist der Vater, die Mutter usw.? Wenn auf den Bildern Tiere zu sehen sind – handelt es sich um reale Tiere oder etwa um Stofftiere? In welcher Beziehung stehen diese zueinander?*

  ▷ *Wo findet das Ereignis statt? Ist es Tag? Oder Nacht? Früher Morgen? Nachmittag? Abend? Woran kann man die Tageszeit erkennen?*

  ▷ *Welche Dinge sind auf dem Bild zu sehen?*

  ▷ *Was passiert gerade?*

  ▷ *Wo gehen die Personen hin? Oder wo kommen sie her?*

  ▷ *Was wird als Nächstes geschehen? Wenn das Bild eine Geschichte erzählen würde – wie würde sie enden?*

Vertiefung

▶ Unterstützen Sie die Kinder dabei, ihre Ideen und Vorstellungen in ganzen Sätzen zu formulieren. Schreiben Sie diese Sätze während des Gesprächs auf, um daraus eine Geschichte zu entwickeln. Lesen Sie die Geschichte den Kindern vor. Fragen Sie sie zum Abschluss, ob die Geschichte vollständig ist.

Materialien:

⇥ Bilder aus Zeitschriften, Katalogen, von Postern usw.

⇥ Papier

⇥ Stifte

Geschichten variieren

Lernerfahrungen

▶ Ideen und Gefühle untersuchen.
▶ Ausgehend von einer bekannten Handlung eine neue Geschichte entwickeln.

Vorbereitung

▶ Für diese Aktivität benötigen die Kinder einen ruhigen Raumbereich, in dem sie zuhören und Gespräche führen können.

Durchführung

▶ Erklären Sie die Aufgabe: Sie werden mit den Kindern wieder einmal die Geschichte von Goldlöckchen lesen. Jedoch kennen Sie die Geschichte so gut, dass Sie sich fragen, ob man sie nicht ändern kann.
▶ Die Punkte in der Geschichte, die sich für Abwandlungen anbieten, sind:
  ▷ Die Figuren – Goldlöckchen und die drei Bären. Fordern Sie die Kinder auf, neue Figuren zu erfinden. Ein möglicher Vorschlag wäre zum Beispiel: *Ein mutiger Junge und drei Außerirdische.*
  ▷ Der Ort der Handlung – Wald und Häuschen. Bitten Sie die Kinder wieder um Vorschläge. Sie könnten dazu Einfälle äußern wie *ein Strand und eine Höhle.*
▶ Ebenso können Textteile, die sich wiederholen, variiert werden. Es kann auch ein ganz neuer Schluss für die Geschichte erfunden werden. Lassen Sie sich dabei von den Kindern lenken. Das Ergebnis dieser Aktivität hängt weitgehend davon ab, wie weit ihr generelles Verständnis für Geschichten entwickelt ist.

Vertiefung

▶ Ermuntern Sie die Kinder dazu, ihre neue Geschichte zu einem Buch zu verarbeiten.
▶ Welche Version der Geschichte gefällt den Kindern am besten – das Original oder ihre eigene Fassung? Warum?

> ➜ eine Geschichte, die den Kindern gut vertraut ist, z. B. *Goldlöckchen und die drei Bären* (verschiedene Verlage) – versuchen Sie, Geschichten mit Themen zu verbinden, an denen Sie gerade arbeiten
>
> ➜ Papier und Stifte, um ein Buch zu gestalten (s. Bilderbücher selbst gestalten, S. 93; Bücherwerkstatt S. 156)

Eine Geschichte weitererzählen

Lernerfahrungen

▶ Geschichten wiedergeben.

▶ Mit Freude Geschichten zuhören.

Vorbereitung

▶ Suchen oder erfinden Sie eine Geschichte, die Sie sich leicht merken können und die die Kinder noch nicht kennen.

Durchführung

▶ Erklären Sie den Kindern die Aufgabe: Sie werden einem der Kinder eine Geschichte erzählen. Das andere Kind beschäftigt sich in der Zwischenzeit mit etwas anderem.

▶ Anschließend erzählt das erste Kind dem zweiten Kind die Geschichte. Sie hören zu, ohne zu unterbrechen.

▶ Danach erzählt das zweite Kind Ihnen die Geschichte. Das erste Kind hört zu, ohne zu unterbrechen.

▶ Im Anschluss werden die einzelnen Versionen der Geschichte besprochen. Wurde etwas ausgelassen oder hinzugefügt? Wurden die Ereignisse in der richtigen Reihenfolge erzählt?

▶ Welche Version ist die beste? Warum? Lesen oder erzählen Sie die Originalfassung zum Vergleich.

Vertiefung

▶ Die Geschichte wird an zwei weitere Kinder weitergegeben. Besprechen Sie wieder die Ergebnisse.

Über eine Geschichte sprechen

Lernerfahrungen

▶ Erfahren, wie sich Geschichten zusammensetzen.

Durchführung

▶ Lesen Sie den Kindern eine Geschichte vor. Wenn die Kinder mit der Geschichte vertraut sind, können sie Teile der Handlung selbst wiedergeben.

▶ Besprechen Sie anschließend die Geschichte mit den Kindern. Das Gespräch kann sich dabei an folgenden Fragen orientieren:

▷ *Wovon (oder von wem) handelt die Geschichte?*

▷ *Wie fängt sie an?*

▷ *Welche Gefühle löst sie aus?*

▷ *Macht die Geschichte froh oder traurig? Warum?*

▷ *Welche Figur gefällt den Kindern am besten? Warum?*

▷ *Welche Figur gefällt den Kindern am wenigsten? Warum?*

▷ *Welcher Teil der Geschichte gefällt den Kindern am besten? Warum?*

▷ *Wie endet die Geschichte?*

▷ *Geht die Geschichte gut aus? Warum?*

▷ *Wie finden die Kinder die Geschichte?*

Vertiefung

▶ Die Kinder malen ein Bild zu der Geschichte (Teil der Handlung oder Figur). Lassen Sie die Kinder ihre Bilder kommentieren. Schreiben Sie die Kommentare zu den Zeichnungen.

→ **Auswahl an bekannten Bilderbüchern**

→ **Papier**

→ **Stifte**

Goldlöckchen – eine Geschichte nachspielen

→ Buch: *Goldlöckchen und die drei Bären* (verschiedene Verlage)

→ Fotokarton
→ Scheren
→ Filzstift

! Bei Umgang mit Scheren ist Sorgfalt erforderlich.

Lernerfahrungen
▶ Die Handlung in einer Geschichte nachvollziehen.

Vorbereitung
▶ Machen Sie sich mit der Geschichte *Goldlöckchen und die drei Bären* vertraut. Bereiten Sie Bildkarten vor: Zeichnen Sie drei Schüsseln, drei Stühle, drei Betten, ein paar Bäume und ein Häuschen auf Fotokarton. Schneiden Sie die Zeichnungen aus.

Durchführung
▶ Verteilen Sie die Karten unter den Kindern. Bestimmen Sie ein Kind, das die Rolle von Goldlöckchen übernehmen soll. Wählen Sie drei weitere Kinder für die Rollen der drei Bären. Proben Sie mit den Kindern Teile des Textes, die in der Geschichte wiederholt werden.
▶ Erzählen Sie den Anfang der Geschichte. Die Kinder, die die Bilder mit dem Wald und dem Häuschen haben, halten ihre Karten hoch.
▶ Danach binden Sie die Kinder, die die drei Bären spielen, in die Handlung ein. Die Kinder halten die Bildkarten mit den Schüsseln hoch. Ermuntern Sie sie, Teile des Textes mitzusprechen. Sagen Sie: *Der erste Bär war …*, und das erste Kind setzt den Satz fort: *… ein großer, dicker Bär*. Wenden Sie sich an das zweite Kind: *Der zweite Bär war …*; das Kind spricht den Satz weiter: *… ein mittelgroßer Bär*, usw. Fordern Sie die Kinder auf, mit „lauter, tiefer Stimme", mit „normaler Stimme" und mit „leiser, hoher Stimme" zu sprechen. Leiten Sie die entsprechenden Textteile ein, indem Sie zum Beispiel sagen: *Der erste Bär sagte mit lauter, tiefer Stimme …*

Vertiefung
▶ Erzählen Sie die Geschichte so oft, bis alle Kinder an der Reihe waren.
▶ Regen Sie die Kinder dazu an, die Geschichte ohne Ihre Anleitung nachzuspielen.

Sprache und Verständigung

Stolper-Geschichten

Lernerfahrungen
▶ Gemeinsam und mit Freude einer Geschichte zuhören.
▶ Versuchen, das nächste Wort/den nächsten Satz oder die weitere Handlung vorauszusagen.

Vorbereitung
▶ Wenn Sie diese Geschichte zum ersten Mal einsetzen, lesen Sie sie den Kindern zunächst vor und zeigen Sie die Bilder.

Durchführung
▶ Blättern Sie wieder zum Anfang der Geschichte zurück. Erklären Sie den Kindern die Aufgabe: die Geschichte noch einmal gemeinsam erzählen.
▶ Beginnen Sie mit einem offensichtlichen Fehler. Die Kinder können dann Ihren „Irrtum" korrigieren.

> Buch: *Isabel Abedi/Silvio Neuendorf: Mist verloren! Hurra, gewonnen! (ArsEdition), Isabel Abedi/ Silvio Neuendorf: Blöde Ziege, Dumme Gans (ArsEdition). Annette Langen: Pass auf, kleine Motzkuh (Coppenrath)*

▶ Erzählen Sie die Handlung in kleinen Schritten. Achten Sie darauf, dass die Kinder die wichtigsten Ereignisse in der Geschichte selbst einfügen können. Legen Sie dafür Pausen ein.
▶ Ziel ist es, die Kinder zu intensivem Zuhören zu motivieren. Auf diese Weise können sie den nächsten Handlungsschritt voraussagen und sich an der Wiedergabe der Geschichte beteiligen.

Vertiefung
▶ Wenden Sie dasselbe Verfahren für Reime an.

 Sprache und Verständigung

Der dicke, fette Pfannkuchen

Lernerfahrungen

▶ Einer Geschichte zuhören und sie als Bewegungsspiel mitvollziehen.
▶ Vorbereitung
▶ Machen Sie sich vorab mit der Geschichte vom Lebkuchenmann vertraut.

Durchführung

▶ Erklären Sie den Kindern das Spiel: Sie erzählen die Geschichte. Dabei versetzen die Kinder sich in den Pfannkuchen und laufen davon: *Welches Geräusch macht der Pfannkuchen, während er davonrollt?*

Spielverlauf:
▷ Die Kinder laufen in dieselbe Richtung, ohne einander zu berühren.
▷ Wenn Sie *Stopp!* rufen, setzen sich alle Kinder hin. Erst wenn jedes Kind ruhig sitzt und zuhört, erzählen Sie weiter.
▷ Wenn die Stelle erreicht ist, an der der Pfannkuchen den Knecht trifft, legen sich die Kinder auf den Boden. Wenn in der Geschichte der Pfannkuchen weiterläuft, springen die Kinder auf und so fort. Um zu zeigen, dass der Pfannkuchen am Schluss nicht mehr da ist, hocken die Kinder sich leise hin. Erst wenn alle Kinder still geworden sind, wissen Sie, dass kein „Pfannkuchen" mehr übrig ist ...

→ Geschichte: *Anne Heseler: Der dicke, fette Pfannkuchen (Coppenrath)*

→ genügend Platz für Bewegung

→ ggf. Papier
→ ggf. Stifte
→ ggf. Zutaten für einen Pfannkuchen

Vertiefung

▶ Schreiben Sie den Reim auf ein Plakat und lesen Sie ihn den Kindern vor.
▶ Die Kinder malen sich selbst als Pfannkuchen. Die Bilder werden zu dem Plakat gehängt.
▶ Backen Sie Pfannkuchen. Drücken Sie Rosinen als „Augen" in den Teig. Servieren Sie die Pfannkuchen als Abschluss des Spiels.

Sprache und Verständigung

Tagebuch

Lernerfahrungen

▶ Interesse am Schreiben gewinnen.

Vorbereitung

▶ Bereiten Sie für jedes Kind ein kleines Heft vor. Schreiben Sie den Namen des jeweiligen Kindes in klarer Schrift auf den Umschlag. Bewahren Sie die Hefte an zugänglicher Stelle auf, sodass die Kinder jederzeit darin kritzeln oder zeichnen können.

→ pro Kind ein kleines Heft
→ Bleistifte
→ Filzstifte
→ Buntstifte
→ Kassettenrecorder
→ Leerkassette

Durchführung

▶ Erklären Sie den Kindern, dass sie in diesen Heften ihre Gedanken, Botschaften und Ideen (zum Beispiel für Geschichten) dokumentieren können. Schlagen Sie das Heft auf. Zeigen Sie ihnen die rechte Seite (Seite für das Kind) und die linke Seite (Seite für Sie selbst).

▶ Erklären Sie den Kindern, dass sie ihre Mitteilungen, Geschichten usw. in ihr Heft aufzeichnen können, wann immer ihnen danach zumute ist. Zu ihren Aufzeichnungen dürfen sie Bilder malen.

▶ Die linke Heftseite ist Ihnen vorbehalten. Hier notieren Sie das jeweilige Datum und ein „Transskript" von dem, was das Kind mit seinen Schreibversuchen sagen will. Das Kind hilft Ihnen, seine Mitteilungen zu decodieren. Diese Seite ist auch der Ort, um Kommentare zu den Arbeiten des Kindes oder zum Lernfortschritt zu notieren.

▶ Dieses Heft ermöglicht es Ihnen, auf einen Blick die „Schreib"-Entwicklung des Kindes zu verfolgen.

Vertiefung

▶ Nicht jede „Kritzelgeschichte" braucht vom Kind „vorgelesen" zu werden, damit Sie sie notieren können – die Kinder können ihre Geschichte laut „lesen" und dabei auf Kassette aufnehmen.

▶ Geben Sie den Kindern hin und wieder Tipps für ihre Notizen (zum Beispiel über die Arbeit an einem Projekt in einem anderen Lernbereich).

 25 4–6 1–5

Flaschenpost

Lernerfahrungen
▶ Nachrichten verfassen.
▶ Schrift als Bestandteil der Umgebung wahrnehmen.

Vorbereitung
▶ Planen Sie ein Rollenspiel über Piraten.

Durchführung
▶ Beschreiben Sie die Spielsituation: Piraten sind auf einer einsamen Insel gestrandet. Sie versuchen, jemandem eine Nachricht zukommen zu lassen, damit sie gerettet werden können. Aber wie können die Piraten ihren Hilferuf verschicken? Auf der Insel gibt es keine Computer und keine E-Mail, keinen Briefkasten, keine Telefone oder Handys und niemanden, der die Nachricht überbringen könnte.
▶ Aber die Piraten verfügen über eine Flasche mit Deckel! Sie können eine Nachricht schreiben, in die Flasche stecken und die Flasche ins Meer werfen. Mit viel Glück treibt das Meer die Flasche davon und spült sie an einen Strand. Dort könnte jemand die Flaschenpost finden und die Rettung der Piraten veranlassen: *Was könnte in der Nachricht stehen?*
▶ Jedes Kind verfasst (mit Ihrer Hilfe) eine Flaschenpost. Dabei wählen die Kinder eine Form, die ihrem Entwicklungsstand angemessen ist. Buchstaben oder Wörter sollten nur von den Kindern geschrieben werden, die aufgrund ihrer Entwicklung dazu bereit sind. Auch wenn die Kinder einfach nur Striche und Linien auf das Papier kritzeln, gilt dies als vollwertige „Flaschenpost". Spenden Sie reichlich Lob für jeden „Schreibversuch". Bitten Sie die Kinder, Ihnen ihre Nachrichten vorzulesen. Stecken Sie die Briefe dann in die Plastikflasche, verschließen Sie sie wasserdicht und werfen Sie sie *weit ins Meer hinaus* (oder rollen Sie sie wenigstens über den Fußboden!).

Material
→ Papier
→ Bleistifte
→ Filzstift
→ Plastikflasche

Vertiefung
▶ Bitten Sie eine Mitarbeiterin einer anderen Gruppe, *die Nachricht zu finden* und für die Piraten eine glückliche Rettung mit anschließendem Freudenfest zu organisieren.
▶ Im Sitzkreis erzählen die Kinder – immer noch als Piraten – von ihrem Abenteuer und zeigen den anderen Kindern ihre Flaschenpost.

Ähnliche Aktivitäten
▶ Piraten (siehe S. 69)
▶ Schatzkarte (siehe S. 135)

Sprache und Verständigung

Schatzkarte

Lernerfahrungen
▶ Zweckbestimmt „schreiben".
▶ Erkennen, dass Schrift mit Bedeutung verbunden ist.

Vorbereitung
▶ Stellen Sie Materialien für ein Rollenspiel über Piraten bereit.

Durchführung
▶ Zeigen Sie den Kindern die mitgebrachte Landkarte. Wissen die Kinder, was eine Landkarte ist? Haben sie schon einmal Landkarten gesehen? Wann benutzen Erwachsene Landkarten? Wozu werden sie gebraucht?
▶ Beschreiben Sie die Spielsituation: Die Piraten wollen auf einer Insel einen Schatz finden. Dafür brauchen sie eine Karte, auf der eingezeichnet ist, wo der Schatz versteckt ist. Schlagen Sie vor, dass jeder „Pirat" seine eigene Schatzkarte zeichnet.
▶ Unterstützen Sie die Kinder dabei, indem Sie behutsam Tipps und Bestätigung geben. Zum Beispiel sollte auf der Karte die Küstenlinie der Insel zu sehen sein. Auf der Insel könnten Palmen wachsen. Denken Sie sich gemeinsam mit den Kindern aus, mit welchen „Wegweisern" der Weg zum Schatz markiert sein könnte. Die Lage des Schatzes wird mit einem Kreuz gekennzeichnet. Dazu „schreiben" die Kinder die Botschaft: *Hier ist der Schatz.*

> ⮕ Zubehör für ein Rollenspiel über Piraten
> ⮕ große Papierbögen
> ⮕ Buntstifte
> ⮕ einfache Landkarte, um den Kindern zu zeigen, wofür man Landkarten braucht

▶ Die Kinder entscheiden selbst, welche Striche, Linien oder Zeichen sie für die Botschaft verwenden wollen – jede Form ist akzeptabel. Schreiben Sie einzelne Buchstaben oder Wörter für die Kinder, wenn sie Sie danach fragen.

Vertiefung
▶ Die Kinder malen die Schatzkarten aus.
▶ Zeichnen Sie Karten von Ihrem Gruppenraum.

Kreidezeichen

Lernerfahrungen

▶ Mit Freude Schreib- und Malwerkzeuge anwenden.

▶ Feinmotorik und Auge-Hand-Koordination trainieren.

Vorbereitung

▶ Prägen Sie den Kindern vorab ein, welche Fläche für das Bemalen mit Kreide vorgesehen ist.

Durchführung

▶ Zeigen Sie den Kindern, wie man mit Kreide Formen und Linien zeichnet. Geben Sie ihnen Gelegenheit, nach Lust und Laune Wellenlinien, Zeichen, Punkte und Markierungen auf den Boden zu malen. Lassen Sie die Kinder damit spielen: an Linien entlanglaufen, von Punkt zu Punkt hüpfen usw. Ermuntern Sie sie, ihren Ideen freien Lauf zu lassen.

▶ Wesentlich ist, dass die Kinder mit viel Spaß ihre eigenen Ideen umsetzen, eine flüssige Linienführung entwickeln und ihre Einfälle zum Ausdruck bringen.

▶ Entfernen Sie die Spuren dieser Aktivität hinterher mittels Wasser und Lappen.

Vertiefung

▶ In dem Maße, wie sich die Auge-Hand-Koordination entwickelt, kann die Aktivität zunehmend aufgabenbezogen strukturiert werden: Sie nennen den Kindern verschiedene Formen. Die Kinder zeichnen sie auf den Boden, um daran entlangzugehen, laufen, hüpfen usw.

▶ Zeichnen Sie „Himmel-und-Hölle"-Kästen mit Zahlen auf den Boden. Zeigen Sie den Kindern, wie man damit spielt.

→ viel Platz auf dem Fußboden oder asphaltierte Fläche im Außenbereich

→ Kreide

→ Lappen und Wasser, um die Kreide wieder zu entfernen (z. B. mit einer Blumenspritze)

Auge-Hand-Kontrolle

Lernerfahrungen

▶ Auge-Hand-Koordination trainieren.

▶ Feinmotorik trainieren.

▶ Zeichen und Linien auf Papier zeichnen.

Vorbereitung

▶ Breiten Sie das Papier auf einer glatten Arbeitsfläche aus und legen Sie Stifte und Pinsel dazu.

→ große Bögen Malpapier

→ griffige Mal- und Schreibwerkzeuge: dicke Filzstifte, Kugelschreiber, Buntstifte, Pinsel usw.

Durchführung

▶ Beobachten Sie, wie die Linienführung der Kinder mit zunehmender Praxis sicherer wird.

▶ Regen Sie die Kinder dazu an, Linien und Striche von links nach rechts zu führen.

▶ Ermuntern Sie sie, Kreise, gerade Linien und Schlangenlinien zu zeichnen.

▶ Begleiten Sie die Mal- und Zeichenbewegungen der Kinder sprachlich, zum Beispiel *rund, nach oben, nach unten, gerade, Schlangenlinien, Punkt, oben, unten* usw.

▶ Fragen Sie: *Was möchtest du zeichnen? Wo fängst du an? Wo führt der Strich hin?*

▶ Geben Sie den Kindern Zeit, mit Linien und Strichen zu experimentieren.

▶ Besprechen Sie mit den Kindern, was sie gemalt oder gezeichnet haben. Lassen Sie sie dabei zuschauen, wie Sie die einzelnen Arbeiten mit Namen oder Überschriften versehen. Lesen Sie den Kindern die kurzen Texte vor und zeigen Sie dabei auf die einzelnen Wörter.

Vertiefung

▶ Bewahren Sie die Blätter zu Dokumentationszwecken auf.

▶ Binden Sie Themen, die Sie gerade in anderen Lernbereichen bearbeiten, in diese Aktivität ein.

 20 3

Ketten aufziehen

Lernerfahrungen

▶ Auge-Hand-Koordination trainieren.
▶ Einfache Anleitung erstellen.

Durchführung

▶ Zeigen Sie den Kindern, wie man Holzperlen zu einer Kette aufzieht. Binden Sie die Enden zusammen (weit genug, damit sie über die Köpfe der Kinder passt).
▶ Sagen Sie den Kindern, dass Sie gern eine Anleitung formulieren möchten, damit auch andere Kinder Ketten aufziehen können.
▶ Bitten Sie die Kinder, Ihnen dabei zu helfen, eine passende Überschrift für die Anleitung zu finden. Die Anleitung sollte aus zwei Teilen bestehen, zum Beispiel *Das brauchst du* und *So geht's*.
▶ Schreiben Sie gegebenenfalls die Bastelanleitung auf, zunächst die erste Überschrift. Lesen Sie sie vor. Die Kinder nennen nun die Dinge, die man für eine Kette braucht. Schreiben Sie sie auf und lesen Sie die kurze Liste vor. Schreiben Sie die zweite Überschrift auf und wiederholen Sie die Arbeitsschritte.

Vertiefung

▶ Ermuntern Sie die Kinder dazu, anderen Kindern und Erwachsenen zu erklären, wie sie ihre Ketten angefertigt haben.

→ Schnur oder Wollfäden
→ Holzperlen
→ Flipchart
→ Filzstift

Sprache und Verständigung

Zeichen im Sand

Lernerfahrungen

▶ In Sand schreiben.

Durchführung

▶ Zeigen Sie den Kindern, wie man mit den Fingern Zeichen und Buchstaben in den Sand schreiben kann. Regen Sie sie dazu an, auf diese Weise bekannte Buchstaben zu formen. Lassen Sie die Kinder die Buchstaben zunächst in die Luft zeichnen, damit sie sich einprägen können, wie sie geformt werden.

➡ Sandkasten mit trockenem und/oder feuchtem Sand

▶ Ermuntern Sie sie, die Unterschiede zwischen trockenem und feuchtem Sand zu erkunden: *Was passiert mit dem Sand, wenn man Linien darin zieht? Wie fühlt er sich am Finger an? Sehen die Zeichnungen gleich aus? Kann man seinen ganzen Namen in den Sand schreiben? Kann man ein ganzes Bild in den Sand malen? Ist es anders, als auf Papier zu malen? Was passiert mit dem Bild im Sand?*
▶ Helfen Sie den Kindern, ihren eigenen Namen zu schreiben.

Krickel-Krackel

Lernerfahrungen

▶ Auge-Hand-Koordination trainieren.

▶ Feinmotorik trainieren.

▶ Schreibwerkzeug handhaben.

Vorbereitung

▶ Breiten Sie das Papier auf einer glatten Arbeitsfläche aus. Legen Sie die Stifte dazu. Manchen hilft es, wenn das Papier in einem Winkel zu ihnen liegt. Sie brauchen dann nur wenig Druck mit dem Stift auszuüben, um Linien zu zeichnen.

▶ Achten Sie darauf, wie die Kinder die Stifte greifen oder halten. Helfen Sie nötigenfalls.

Durchführung

▶ Lassen Sie die Kinder nach Herzenslust mit den Stiften experimentieren. Die Striche und Linien dürfen zunächst unkontrolliert und zufällig sein. Unterstützen Sie gerichtete Zeichenbewegungen, indem Sie das Tun der Kinder sprachlich begleiten: *nach oben/nach unten, rechts/links, diagonal* usw. Verwenden Sie richtungsanzeigende Wörter, damit die Kinder sie hören und in ihren Wortschatz aufnehmen können.

▶ Geben Sie den Kinder reichlich Zeit zum Erkunden und Erproben.

▶ Sprechen Sie mit ihnen über ihre Arbeit: *Ist es ein Bild? Was stellt es dar? Hast du etwas geschrieben? Was bedeutet es?* Hören Sie aufmerksam zu, während die Kinder ihre Arbeiten kommentieren.

▶ Lassen Sie die Kinder zuschauen, während Sie ihre Arbeiten mit Namen und Datum versehen.

Vertiefung

▶ Bewahren Sie die Arbeiten für Dokumentationszwecke auf. Führen Sie diese Aktivität in regelmäßigen Abständen (etwa alle zwei Wochen) durch. Auf diese Weise können Sie die Entwicklung der Kinder verfolgen.

▶ Beziehen Sie Themen, die Sie in anderen Lernbereichen bearbeiten, in diese Aktivität mit ein. Beispiel: Sie haben gerade Schnecken im Garten beobachtet. Regen Sie die Kinder an, etwas über Schnecken zu zeichnen oder zu „schreiben".

Material (Randspalte)

→ große Bögen Malpapier

→ griffige Schreibwerkzeuge wie dicke Malstifte oder Filzstifte (es sollte wenig Druck nötig sein, um Linien zu zeichnen)

→ dicke Bleistifte

→ Greifhilfen für Stifte

Luft-Bilder

Lernerfahrungen

▶ Augen-Hand-Koordination trainieren.

Durchführung

▶ Die Kinder sitzen oder stehen vor ihnen. Erklären Sie ihnen die Aufgabe: mit dem Finger ein Bild in die Luft zeichnen.

▶ Malen Sie eine Sonne vor. Stehen Sie dabei mit dem Rücken zur Gruppe, damit die Kinder Ihren Bewegungen folgen können. Kommentieren Sie Ihre Bewegungen. Beispiel: *erst ein großer Kreis, dann Strahlen in alle Richtungen.*

Vertiefung

▶ Wenn die Kinder einige kleinere Bilder in der Luft formen können, kann die Aktivität variiert werden: *Wer kann ganz große Zeichenbewegungen machen? Ganz kleine Bewegungen?*

▶ Achten Sie darauf, die Bewegungen sprachlich zu begleiten.

▶ Regen Sie die Kinder dazu an, richtungsanzeigende Wörter laut zu sprechen, während sie mit Stiften und Papier arbeiten.

Mit Wolle nähen

Lernerfahrungen

▶ Auge-Hand-Koordination trainieren.

▶ Feinmotorik trainieren.

Vorbereitung

▶ Bereiten Sie Pappvorlagen vor. Orientieren Sie sich an Themen, die Sie in den verschiedenen Lernbereich bearbeiten. Beispiel: Sie bieten gerade Aktivitäten aus dem Themenbereich „Formen" an. Bereiten Sie geometrische Formen aus Pappe vor. Schneiden Sie einfache Umrisse von Tieren aus, wenn Sie ein Projekt zu Tieren durchführen usw.

▶ Mit einem Locher werden entlang der Ränder Lochreihen gestanzt.

Durchführung

▶ Jedes Kind erhält eine Pappvorlage und sucht sich einen Wollfaden in einer bestimmten Farbe aus. Zeigen Sie den Kindern, wie der Wollfaden durch die Löcher geführt wird. Verwenden Sie dabei sachgerechte Begriffe: *hinein, hinaus, durch, nach vorne, nach hinten, über*. Die Kinder lernen so die Bedeutung dieser Begriffe.

▶ Bei dieser Aktivität üben die Kinder den Pinzettengriff. Diese Fertigkeit ermöglicht es ihnen, einen Stift sicher zu halten und zu führen.

Vertiefung

▶ Die Kinder schneiden nach eigenen Ideen Vorlagen aus und versehen sie mit Löchern (mit Ihrer Hilfe).

▶ Verwenden Sie Wollfäden in mehreren Farben, um interessante Muster zu erzielen.

Material:
→ feste Pappe
→ Schere
→ Locher
→ bunte Wolle

Sprache und Verständigung

Anwesenheitsliste

Lernerfahrungen
▶ Den eigenen Namen schreiben.

Vorbereitung
▶ Zeichen Sie für jedes Kind zum Beispiel eine Wolke auf den Fotokarton. Die Wolken sollten so groß sein, dass die Kinder ihre Namen hineinschreiben können.

Durchführung
▶ Stellen Sie den Kindern Ihre Idee für eine neue Anwesenheitsliste vor: Wenn die Kinder morgens in die Gruppe kommen, schreiben sie selbst ihren Namen auf ein Plakat. Auf diese Weise wissen Sie immer, wer anwesend ist und wer fehlt.
▶ Zeigen Sie den Kindern, an welchem Platz das Plakat liegt. Es sollte eine horizontale Oberfläche sein (etwa ein niedriger Tisch), auf der die Kinder bequem schreiben können (das Plakat sollte also nicht an eine Wand gehängt werden). Besprechen Sie mit den Kindern, dass Stifte verlorengehen können. Darum ist es sinnvoll, den Stift an eine Schnur zu binden. Die Schnur wird mit Klebeband am Plakat fixiert.
▶ Fordern Sie die Kinder auf, ihren Namen probeweise zum Beispiel in eine Wolke zu schreiben. Falls sie ihren Namen noch nicht schreiben können, dürfen die Kinder sich ein Zeichen oder Symbol ausdenken, das ihren Namen repräsentiert.
▶ Ein solches Plakat ist in wenigen Minuten angefertigt und kann täglich neu vorbereitet werden. Zeichnen Sie jeden Tag ein anderes Motiv, zum Beispiel Schäfchen, Kreis, Dreieck, Katze usw. Verankern Sie die Anwesenheitsliste als festen Bestandteil im Gruppenleben. Fragen Sie die Kinder am Schluss eines Tages, ob sie erraten können, welches Motiv Sie sich für den nächsten Tag ausgedacht haben.

Vertiefung
▶ Anstatt mit einem Plakat können Sie auch mit Namenskärtchen und einer Schachtel arbeiten. Breiten Sie die Namenskärtchen an zugänglicher Stelle aus. Die Kinder suchen morgens ihre Karte heraus und legen sie in die Schachtel.

Ähnliche Aktivitäten
▶ Das bin ich (siehe S. 146)

---

großer Bogen Fotokarton
schwarzer Filzstift
Schnur
Klebeband

Spezialschrift

Lernerfahrungen
▶ Mit Schrift experimentieren.

Vorbereitung
▶ Breiten Sie den Papierbogen auf einem Arbeitstisch aus und legen Sie die Stifte dazu.

Durchführung
▶ Erklären Sie den Kindern die Aufgabe: ein großes Plakat anfertigen, auf das jedes Kind etwas schreibt. Die Kinder mögen einwenden, dass sie noch nicht „richtig schreiben" können. Ermuntern Sie sie, in ihrer eigenen „Spezialschrift" zu schreiben – ganz so, wie es ihnen gefällt.
▶ Lassen Sie die Kinder Stifte wählen und frei ihre „Spezialschrift" ausprobieren. Die Ergebnisse können Schlangenlinien, hingekritzelte Striche oder Buchstaben sein – alles ist erlaubt.
▶ Schreiben Sie auf einen Streifen Fotokarton eine passende Überschrift. Notieren Sie die Namen der Kinder, die an dem Plakat beteiligt sind. Hängen Sie das Plakat an gut sichtbarer Stelle auf. Betrachten Sie es mit dem Rest der Gruppe und lesen Sie die Überschrift vor.

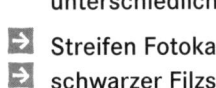
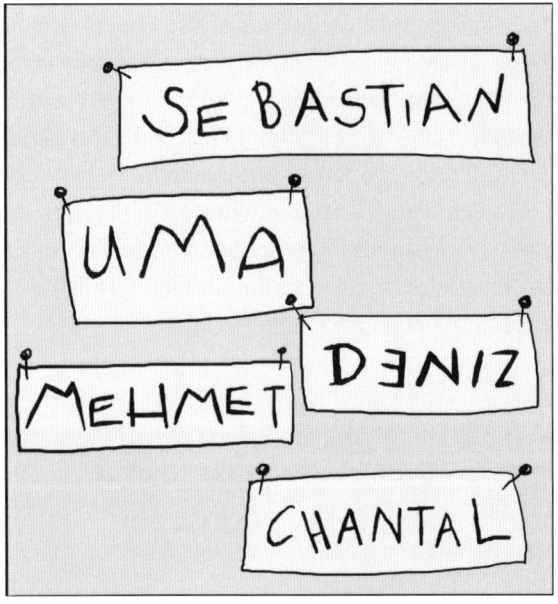

Vertiefung
▶ Schaffen Sie Situationen, in denen die Kinder im Außenbereich mit Schrift experimentieren können – auf Papier oder Karton, auf Pflastersteinen oder Asphalt. Die Kinder erfahren so, dass Schreiben eine Beschäftigung ist, die sich nicht auf einen Tisch oder Schreibtisch beschränkt.
▶ Wenn Sie ein bestimmtes Thema bearbeiten, können die Kinder dazu in derselben Weise ein Plakat erstellen. Schreiben Sie dazu jeweils eine passende Überschrift.

Sprache und Verständigung

Grußkarten

frei

Lernerfahrungen

▶ Einfache Mitteilungen formulieren und aufschreiben.

▶ Erfahren, dass Mitteilungen wichtiger Bestandteil des Zusammenlebens sind.

Durchführung

▶ Ein Kalenderjahr hält viele Fest- und Feiertage bereit: Geburtstage, Namenstage, Muttertag, Vatertag, religiöse Feiertage usw. Kinder haben viel Spaß daran, für solche Anlässe Grußkarten zu gestalten. Oftmals lernen sie allein durch Nachahmung, Wendungen wie *Viele Grüße, Alles Liebe oder Dein/Deine Jens/Laura* ... zu schreiben.

▶ Jedes Kind erhält ein Blatt Bastelkarton, zur Hälfte gefaltet. Es ist empfehlenswert, hochwertiges Material anzubieten. Je attraktiver – also je einladender – es beschaffen ist, desto mehr Mühe und Sorgfalt werden die Kinder auf die Gestaltung verwenden. Helfen Sie den Kindern, ihre Grüße in passende Worte zu fassen.

▶ Es ist zu erwarten, dass die Kinder ihre Fähigkeiten unterschiedlich weit entwickelt haben. Gehen Sie also davon aus, dass Sie für manche Kinder die Worte auf die Karte schreiben müssen, während andere bereits Buchstaben und Worte nachspuren oder abschreiben können. Falls die Kinder dazu bereit sind, können Sie ermuntert werden, ihre Grüße selbst aufzuschreiben. Falls nötig, schreiben Sie eine kurze „Interpretation" an den Rand.

▶ Regen Sie die Kinder dazu an, ihre Karten auf vielfältige Weise zu illustrieren oder zu verzieren (zum Beispiel malen, ausschneiden und aufkleben, Streuglimmer, bunte Sticker usw.). Gleichzeitig trainieren die Kinder ihre Auge-Hand-Koordination.

▶ Begleiten Sie diese Aktivität sprachlich. Auf diese Weise üben die Kinder ihren Wortschatz und lernen neue Begriffe.

Vertiefung

▶ Die Kinder zeigen der Gruppe ihre Karten und beschreiben sie. Bitten Sie die Gruppe um Rückmeldung – was gefällt ihnen besonders an jeder Karte?

Variationen

▶ Regen Sie die Kinder dazu an, zu Hause Karten zu gestalten und sie an ihre Freunde in der Gruppe zu schicken.

Interkulturelle Aspekte

▶ Verschaffen Sie sich einen Überblick über Festtage, die in verschiedenen Kulturen begangen werden und die Sie gemeinsam feiern können.

Ähnliche Aktivitäten

▶ Einen Brief verschicken (siehe S. 75)

→ Bastelkarton
→ Filzstifte
→ Bleistifte
→ Buntstifte
→ Papier
→ Scheren
→ Klebstoff
→ Aufkleber
→ verschiedenes Bastelmaterial

! **Beim Einsatz von Scheren ist Umsicht gefordert.**

Sprache und Verständigung

Das bin ich

Lernerfahrungen

▸ Den eigenen Namen schreiben.

Vorbereitung

▸ Legen Sie das Arbeitsmaterial bereit. Jedes Kind erhält ein Blatt Papier. Schreiben Sie jeweils an den oberen Rand: *Das bin ich.* Schreiben Sie an den unteren Rand *Ich heiße* ... Fügen Sie eine Linie für den Namen des Kindes an.

- Papier
- Bleistifte
- Buntstifte
- Filzstifte
- Aufkleber

Durchführung

▸ Erklären Sie den Kindern die Bedeutung der Wörter auf ihrem Blatt. Geben Sie jedem Kind einen Aufkleber. Erklären Sie den ersten Arbeitsschritt: den eigenen Namen auf den Aufkleber schreiben und an die passende Stelle auf dem Papier kleben.

▸ Im zweiten Schritt malen die Kinder ein Bild von sich selbst.

▸ Überprüfen Sie, wie die Kinder ihre Stifte halten. Für manche Kinder mag es noch schwierig sein, einen Stift zu halten. Geben Sie ihnen gegebenenfalls griffige und dicke Stifte oder Greifhilfen.

▸ Regen Sie die Kinder dazu an, sich nicht nur die Form der Buchstaben in ihrem Namen zu merken, sondern auch ihren Laut. Fordern Sie sie auf, ihre Namen untereinander zu vergleichen – wer hat gleiche Buchstaben in seinem Namen?

▸ Stellen Sie die Selbstporträts aus.

Vertiefung

▸ Die Kinder malen Bilder für ihre Eltern und schreiben ihre Namen darunter.

▸ Die Kinder schreiben ihre Namen auf alle ihre Arbeitsprodukte.

▸ Bieten Sie häufig Aktivitäten an, bei denen die Kinder den Pinzettengriff trainieren, mit dessen Hilfe sie Stifte greifen und halten (auffädeln, einfädeln usw.)

Ordnen und beschriften

Lernerfahrungen

▶ Erfahren, dass Buchstaben und Worten Bedeutungen zugeschrieben werden können.

Vorbereitung

▶ Stellen Sie Spielsachen und Materialien bereit, die sortiert und eingeräumt werden müssen.

Durchführung

▶ Bitten Sie die Kinder, Ihnen beim Aufräumen des Materials zu helfen. Beschreiben Sie das Problem: *Wie kann man sicherstellen, dass gebrauchte Materialien immer wieder an denselben Platz geräumt werden?* Lenken Sie das Gespräch auf einen praktikablen Vorschlag: Kästen, Schubladen usw. erhalten Etiketten, sodass jeder weiß, was dort hineingehört.

▶ Schlagen Sie den Kindern vor, für die Materialien gemeinsam Etiketten bzw. Schilder zu zeichnen.

▶ Bitten Sie die Kinder um Vorschläge.

▶ Die Kinder schauen zu, während Sie die Schilder zeichnen (zum Beispiel Bleistifte, Bälle usw.).

→ Aufbewahrungs-möglichkeiten für Spiel-sachen und Materialien, z. B. Kästen, Regale, Schubladen usw.

→ Fotokarton

→ Stifte

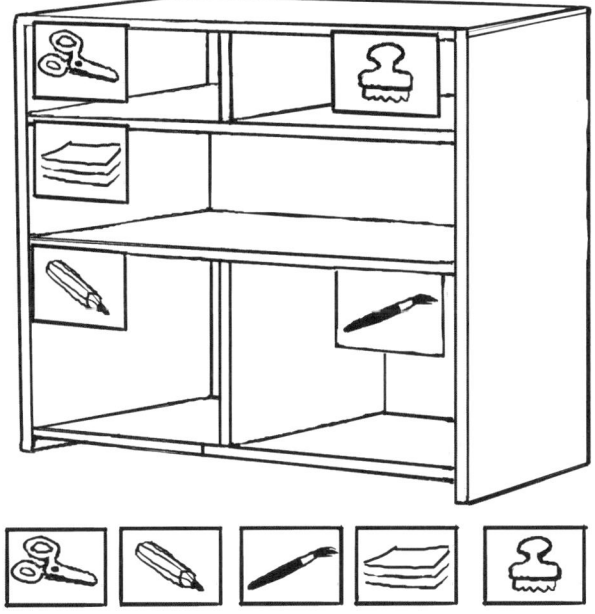

Vertiefung

▶ Ermuntern Sie die Kinder, die Schilder immer dann zu „lesen", wenn sie Materialienhinein räumen. Zwar werden sie die entsprechenden Aufbewahrungsorte auch an anderen Merkmalen erkennen, aber durch bewusstes Wahrnehmen der Zeichen erfahren sie, dass Symbole Bedeutung vermitteln.

Schreiben gehört zum Alltag

Lernerfahrungen

▶ Erwachsene beim Schreiben beobachten.

▶ Erfahren, dass Schreiben zum Alltag gehört.

Vorbereitung

▶ Planen Sie Aktivitäten, bei denen die Kinder Ihnen beim Schreiben zusehen können, zum Beispiel Bücher gestalten, Geschichten aufschreiben, Listen erstellen, Notizen machen usw.

Papier
Stifte

Durchführung

▶ Für Kinder im Vorschulalter stellen die folgenden Merkmale der Schriftsprache wichtige Bausteine dar, die den Erwerb der Schreibfähigkeit vorbereiten:

▷ Schrift verläuft von links nach rechts.

▷ Buchstaben repräsentieren Laute.

▷ Buchstaben werden immer in derselben Weise geschrieben.

▷ Einzelne Wörter stehen in einem Abstand zueinander.

▷ Wörter beinhalten immer die gleiche Bedeutung – gleichgültig, wie oft man sie liest.

▶ Als Modell oder Vorbild fungieren bedeutet für Erwachsene, dass sie den Schreibvorgang für die Kinder erfahrbar machen: Während sie schreiben, denken sie den Prozess „laut mit". Beispiel: *Mit welchem Buchstaben beginnt das Wort? Wo fange ich den Buchstaben an? In welcher Richtung geht es weiter? Wie schreiben wir den Buchstaben? Erst ziehen wir eine Linie von oben nach unten. Dann machen wir einen Strich quer darüber. Jetzt haben wir das ‚T' geschrieben. Was ist der nächste Buchstabe? Es ist ein ‚o'. Wir fangen hier oben an, gehen rückwärts im Bogen und ganz herum. Was ist der nächste Buchstabe? Es ist ein ‚m'. Für ein ‚m' fangen wir hier an …* usw.

Interkulturelle Aspekte

▶ In manchen Sprachen wird von rechts nach links geschrieben (zum Beispiel Arabisch, Hebräisch, Chinesisch). Tragen Sie Anschauungsmaterial zusammen, um es den Kindern zu zeigen.

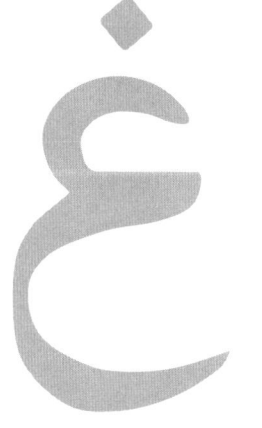  

Eine Nachricht notieren

Lernerfahrungen

▶ Lautsprache mit Schriftsprache verbinden.

Vorbereitung

▶ Schlagen Sie den Kindern ein Rollenspiel vor: Eine Person teilt eine Nachricht mit, die andere Person notiert die Nachricht.

Durchführung

▶ Besprechen Sie mit den Kindern, in welchen Situationen Nachrichten hinterlassen und notiert werden. Einige Kinder mögen dazu viele Ideen haben, andere haben diese Situation vielleicht noch gar nicht erlebt. Je mehr Situationen Ihnen und den Kindern einfallen, desto besser. Auf diese Weise lernen die Kinder eine Vielfalt an neuen Wörtern und Begriffen kennen.

▶ Beispiele für Situationen, in denen Nachrichten hinterlassen werden: Telefonat mit einer Arzt- oder Zahnarztpraxis, um einen Termin zu vereinbaren; Telefonat mit einem Blumengeschäft, um jemandem einen Strauß Blumen zu schicken; zu Hause anrufen, um daran zu erinnern, dass die Lieblingssendung auf Video aufgenommen wird – schmücken Sie die Situation so interessant wie möglich aus.

▶ Entscheiden Sie, wer von Ihnen eine Nachricht hinterlässt und wer sie notiert. Achten Sie darauf, dass die Mitteilung klar und deutlich formuliert wird.

▶ Ermuntern Sie die Kinder, die Nachricht ihren Fähigkeiten entsprechend „aufzuschreiben". Lesen Sie die Notiz gemeinsam.

Vertiefung

▶ Die Kinder erzählen in der Gruppe von dem Spiel und zeigen sich gegenseitig ihre Notizen.

Ähnliche Aktivitäten

▶ Jemanden anrufen (siehe S. 40)

→ alte Telefone und Handys, Spielzeugtelefone usw.

→ Notizblöcke

→ Haftnotizzettel

→ Bleistifte

Aufgepasst!

→ Fotokarton
→ Filzstift

Lernerfahrungen

▶ Kurze Informationen zu aussagefähigen Bildern verarbeiten.

Durchführung

▶ Besprechen Sie mit den Kindern, welche Hinweisschilder in der Gruppe nützlich wären. Beispiel: Eine einfache Regel für das Spiel am Wasserbecken – *Bitte nur zwei Kinder am Wasserbecken*. Wie könnte ein Bild aussehen, das die Informationen vermittelt?

▶ Fordern Sie die Kinder auf, sich umzusehen, wo im Gruppenraum oder im Außenbereich Schilder sinnvoll wären.

▶ Legen Sie Fotokarton und einen Filzstift an einen zugänglichen Ort. Ermuntern Sie die Kinder, bei Bedarf selbst Schilder zu malen. Sie sollten Ihnen ihre fertigen Schilder zeigen und erklären.

▶ Die Schilder werden an geeigneten Stellen in der Gruppe aufgehängt.

Vertiefung

▶ Regen Sie die Kinder dazu an, sich einfache Botschaften auszudenken, die ihnen wichtig sind: *Freundlich mit den Vögeln sprechen. Vorsicht: Nicht auf diesen Baum klettern! Fahrräder fair teilen.* usw.

▶ Auf diese Weise können die Kinder sich selbst einfache Regeln geben, die zu einem sicheren und zufriedenstellenden Gruppenleben beitragen.

Ähnliche Aktivitäten

▶ Ordnen und beschriften (siehe S. 147)

Kinderleichte Bücher

 **40** · **frei** · **1–5**

Lernerfahrungen

▶ Lese- und Schreibfähigkeit in alle Lernbereiche einbeziehen.

▶ Ein einfaches Buch erstellen.

Vorbereitung

▶ Die Erstellung eines Buches leitet sich thematisch aus der aktuellen Aktivität ab, die Sie gerade mit den Kindern durchführen. Die Kinder beschreiben ihre Erfahrungen anhand von einfachen Texten und/oder selbstgemalten Bildern.

Durchführung

▶ Sie können den Kindern auf verschiedene Weise Hilfestellung geben: Buchstaben oder Wörter vorschreiben, damit die Kinder sie nachspuren oder abschreiben können; einzelne Buchstaben mit Ihrer Hilfe nach dem Gedächtnis formen; erste „Schreibversuche" unterstützen (Linien und Striche, „Gekritzel"); für die Kinder Wörter schreiben, die sie Ihnen nennen; die Kinder gezielt fragen, welche Wörter oder Sätze Sie für sie schreiben sollen. Stellen Sie sicher, dass jedes Arbeitsergebnis mit dem Namen des jeweiligen Kindes gekennzeichnet ist.

▶ Zwei Stücke Plakatkarton im passenden Format dienen als Buchumschlag. Lochen Sie die Umschlagseiten am linken Rand. Legen Sie die Buchseiten zusammen und lochen Sie sie ebenfalls.

▶ Legen Sie die Buchseiten zwischen die Umschlagseiten. Fassen Sie Papier und Buchumschlag mit Heftstreifen (oder Schnur) zusammen. Versehen Sie die Vorderseite mit einem Titel. Schreiben Sie den Namen Ihrer Gruppe (Autoren, Illustratoren) dazu. Das Buch ist für Kinderhände einfach zu handhaben: es liegt flach auf einer Unterlage, und die Seiten lassen sich leicht umblättern. Bewahren Sie es an einer Stelle auf, die den Kindern jederzeit zugänglich ist.

Vertiefung

▶ Geben Sie den Kindern Gelegenheit, gemeinsam in dem Buch zu blättern.

▶ Mit diesem Verfahren können Sie Bücher zu jedem Thema in jedem Lernbereich gestalten.

Variationen

▶ Die Kinder dürfen die Bücher mit nach Hause nehmen, um sie ihren Eltern zu zeigen.

> → Papier
> → Plakatkarton
> → Locher
> → Scheren
> → Schnur
>
> **!** Beim Umgang mit Scheren ist Umsicht geboten.

→ Papier oder Tonpapier im Format DIN-A3

→ alte Kataloge/Zeitschriften

→ Klebstoff

→ Scheren

→ Filzstifte

→ Buchringe/Heftstreifen

→ Locher

! Beim Umgang mit Scheren ist Sorgfalt erforderlich.

Laut-Buch

Lernerfahrungen

▶ Anfangslaute erkennen.

Vorbereitung

▶ Dieses Angebot bietet sich im Anschluss an Aktivitäten zu Anfangslauten und -buchstaben an.

Durchführung

▶ Erklären Sie den Kindern die Aufgabe: ein Buch über Dinge gestalten, die mit demselben Anfangslaut beginnen. Besprechen Sie mit ihnen, mit welchem Anfangslaut/Buchstaben sie beginnen möchten.

▶ Suchen Sie mit den Kindern in alten Katalogen/Zeitschriften nach Abbildungen von Dingen, die mit dem ausgewählten Buchstaben anfangen. Schneiden Sie zu jeder Seite einige Bilder aus und kleben Sie sie auf. Machen Sie die Kinder während der Arbeit immer wieder auf den Buchstaben und seinen Laut aufmerksam.

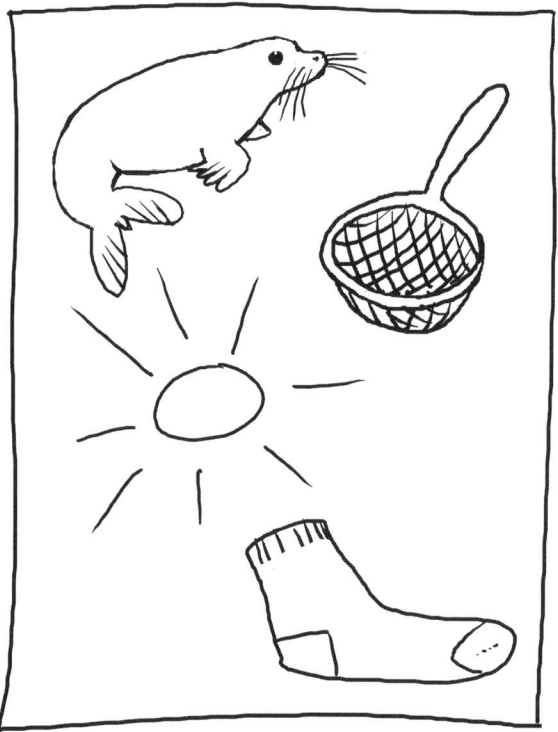

▶ Schreiben Sie auf die Titelseite des Buches den Namen des Kindes als Autor.

▶ Lochen Sie Umschlagseiten und Buchseiten und fassen Sie sie mit Heftstreifen oder Faden zusammen.

▶ „Lesen" Sie das Buch gemeinsam mit den Kindern. Benennen Sie die abgebildeten Gegenstände und sprechen Sie darüber.

Fotoalben

Lernerfahrungen

▶ Ein besonderes Ereignis in der Gruppe dokumentieren.

▶ Lese- und Schreibfähigkeit in alle Lernbereiche einbeziehen.

▶ Bilder mit Text verbinden.

Vorbereitung

▶ Wählen Sie ein Ereignis aus, das für die Gruppe besonders wichtig ist. Beispiele: ein Ausflug, eine Wanderung, ein Besuch, ein Fest usw. Nehmen Sie viele Fotos von den Kindern auf. Fotografieren Sie auch, was für die Kinder von besonderem Interesse ist.

→ Kamera
→ Anlass zum Fotografieren
→ Tonpapier
→ Filzstifte
→ Klebstoff
→ Buchringe/Heftstreifen

Durchführung

▶ In dem Buch werden die Bilder auf der linken Seite und der Text auf der rechten Seite angeordnet.

▶ Arbeiten Sie mit kleinen Gruppen. Kleben Sie jeweils ein Bild auf jede linke Buchseite. Bitten Sie die Kinder um Kommentare zu jedem Foto. Schreiben Sie die Äußerungen der Kinder jeweils auf die rechte Buchseite. Lassen Sie die Kinder genau zuschauen, während Sie schreiben.

▶ Finden Sie gemeinsam einen Buchtitel. Fertigen Sie die Umschlagseiten an. Schreiben Sie Titel und Autorennamen auf die Vorderseite.

▶ Ordnen Sie die Seiten in der gewünschten Reihenfolge an und versehen Sie sie mit Seitenzahlen.

▶ Lochen Sie das Buch und binden Sie es mit Buchringen oder heften Sie es in einem Heftstreifen ab.

Vertiefung

▶ Betrachten und „lesen" Sie das Buch zusammen mit den Kindern. Besprechen Sie die Bilder und Texte.

▶ Bewahren Sie das Buch für „Lesezeiten" an zugänglicher Stelle auf. Ermuntern Sie die Kinder, es gemeinsam anzuschauen.

Variationen

▶ Erlauben Sie den Kindern, das Buch mit nach Hause zu nehmen.

 40 alle 1–5

Geschichten nacherzählen

Lernerfahrungen

▶ Zwischen Bildern und Texten einen Zusammenhang erkennen.

▶ Reihenfolgen einhalten.

Vorbereitung

▶ Wählen Sie eine Geschichte aus, die den Kindern vertraut ist, und die ihnen besonders gut gefällt.

Durchführung

▶ Sprechen Sie mit den Kindern über die Geschichte. Unterstützen Sie sie dabei, die Handlung in der richtigen Reihenfolge wiederzugeben. Schlagen Sie den Kindern vor, selbst ein Buch mit dieser Geschichte zu gestalten.

▶ Jedes Kind erhält ein DIN-A6-Blatt (Postkarte). Darauf malt es ein Bild zu dem ersten wichtigen Ereignis in der Geschichte.

▶ Kleben Sie einige der Bilder auf die linke Buchseite. Bitten Sie die Kinder, gemeinsam mit Ihnen einen passenden Text zu finden. Er sollte einfach gehalten sein; ein oder zwei Sätze genügen völlig. Schreiben Sie den Text auf die rechte Seite. Achten Sie auf eine große, klare Schrift. Sprechen Sie die Worte beim Schreiben mit.

▶ Machen Sie die Kinder darauf aufmerksam, an welcher Stelle Sie anfangen zu schreiben. Zeigen Sie ihnen die Schreibrichtung. Weisen Sie sie auf den Punkt am Ende des Satzes/der Sätze hin.

▶ Wiederholen Sie diese Arbeitsschritte, bis Sie das Ende der Geschichte erreicht haben.

▶ Fügen Sie Seitenzahlen hinzu. Schreiben Sie Titel und Autorennamen auf den Umschlag.

▶ Überprüfen Sie, ob die Bilder und Texte die Geschichte in der richtigen Reihenfolge wiedergeben. Lochen Sie das Buch, und binden Sie es mit Buchringen, Heftstreifen oder Schnur.

Vertiefung

▶ Lesen Sie das Buch mit einzelnen Kindern, mit Zweiergruppen und Kleingruppen.

▶ Bewahren Sie das Buch an zugänglicher Stelle auf.

▶ Gestalten Sie selbst ein Buch mit einer Lieblingsgeschichte der Kinder. Stellen Sie es den Kindern vor.

Variationen

▶ Die Kinder dürfen das Buch mit nach Hause nehmen und mit ihren Eltern lesen.

Material:

⇒ Papier in verschiedenen Farben im Format DIN-A3

⇒ viel Papier im Format DIN-A6 (DIN-A4-Seiten in Viertel geschnitten)

⇒ Filzstifte

⇒ Buntstifte

⇒ Klebstoff

⇒ Locher

⇒ Buchringe/Heftstreifen

Bücher mit Klappseiten

Lernerfahrungen

▶ Lese- und Schreibfähigkeit in alle Lernbereiche einbeziehen.

▶ Zwischen Bildern und Texten einen Zusammenhang erkennen.

Vorbereitung

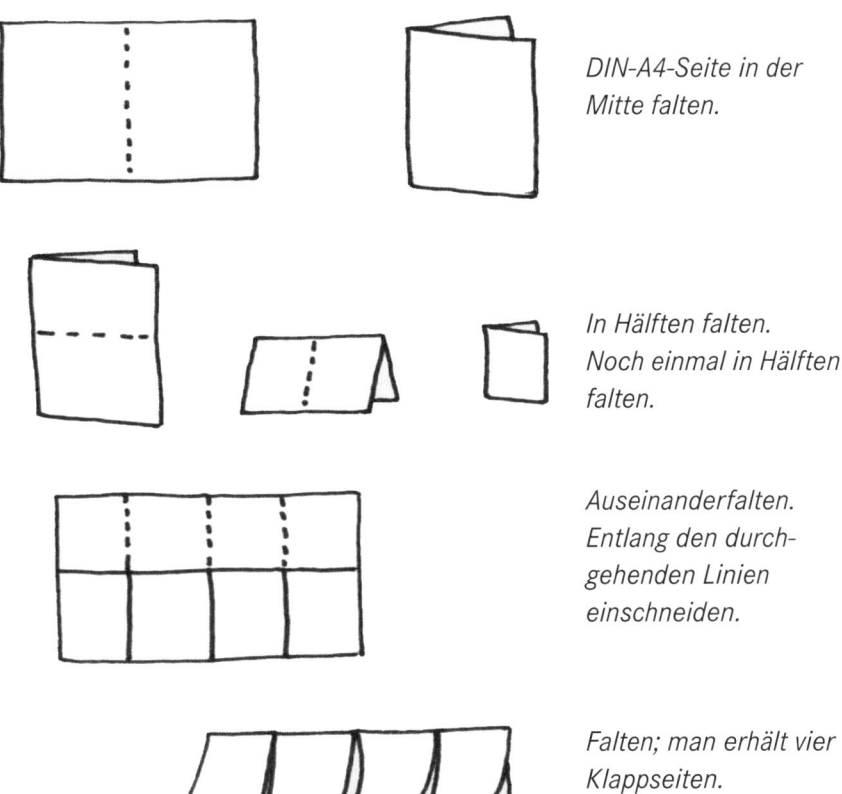

DIN-A4-Seite in der Mitte falten.

In Hälften falten. Noch einmal in Hälften falten.

Auseinanderfalten. Entlang den durchgehenden Linien einschneiden.

Falten; man erhält vier Klappseiten.

→ Papier im Format DIN-A4
→ Filzstifte
→ Scheren
→ Klebeband

Durchführung

▶ Zeigen Sie den Kindern, wie die Klappseiten funktionieren. Erklären Sie ihnen das Vorhaben: Aus den Klappseiten soll ein Buch entstehen. Besprechen Sie, was auf den einzelnen Seiten zu sehen sein soll.

▶ Zum Beispiel soll auf der ersten Seite stehen: *Welche Farbe hat das Krokodil?* Zeichnen Sie ein rotes Krokodil unter die Klappe und schreiben Sie dazu: *Das Krokodil ist rot.*

▶ Gestalten Sie auf diese Weise alle weiteren Klappseiten. Fassen Sie die Falze mit Klebeband zusammen.

▶ Schreiben Sie den Titel und den Namen des Kindes (Autor) auf die Umschlagseite.

▶ Lesen Sie das Buch gemeinsam.

Vertiefung

▶ Erstellen Sie eine Sammlung persönlicher Klappseiten-Bücher.

▶ Gestalten Sie mit der ganzen Lerngruppe ein Klappseiten-Buch in einem größeren Format. Verwenden Sie dazu zwei DIN-A3-Bögen.

Bücherwerkstatt

Lernerfahrungen

▶ Wortschatz erweitern.

▶ Zwischen Bildern und Texten einen Zusammenhang erkennen.

▶ Mit Freude Schreib- und Malwerkzeug anwenden.

▶ Eigene Ideen und Gedanken ausdrücken.

Vorbereitung

▶ Richten Sie eine „Bücherwerkstatt" ein: Legen Sie die Materialien auf einem Tisch aus. Die Kinder sollten vorher schon unter Anleitung Bücher gestaltet haben.

Durchführung

▶ Erklären Sie den Kindern die Aufgabe: In der Bücherwerkstatt fertigt jedes Kind ein Buch an. Das Thema bestimmt es selbst und gestaltet das Buch nach eigenen Ideen.

▶ Verzichten Sie auf detaillierte Anweisungen. Lassen Sie die Kinder vielmehr eigene Lösungen finden. Begleiten Sie den Prozess, indem Sie mit den Kindern einzelne Fragestellungen besprechen:

▷ *Wie soll dein Buch aussehen?*

▷ *Wie willst du die Buchseiten einfassen?*

▷ *Welches Thema hat dein Buch?*

▷ *Werden Bilder in dem Buch zu sehen sein?*

▷ *Wo kommen die Bilder hin?*

▷ *Willst du Text hinzufügen?*

▷ *Wo soll der Text stehen?*

▷ *Möchtest du etwas in das Buch einkleben? Was genau?*

▷ *Möchtest du Seitenzahlen auf die Seiten schreiben?*

▷ *Was soll auf dem Umschlag stehen?*

▶ Ermuntern Sie die Kinder, so viel wie möglich selbst zu tun, „schreiben" eingeschlossen. Halten Sie während der Arbeit das Gespräch aufrecht. Regen Sie die Kinder zu möglichst genauer Beschreibung ihrer Arbeit an. Beobachten Sie die Kinder, warten Sie auf ihre Wortbeiträge und hören Sie ihnen zu.

▶ Zum Abschluss stellt jedes Kind sein Buch vor.

Materialien

→ Papier
→ Filzstifte
→ Buntstifte
→ Bleistifte
→ Scheren
→ buntes Bastelpapier
→ Klebeband
→ Locher
→ Schnur
→ Tacker

❗ Beim Umgang mit Scheren ist besondere Umsicht geboten.

Kleine Überraschungen

  25   1

Lernerfahrungen

▶ Zwischen Bildern und Texten einen Zusammenhang erkennen.

▶ Überschriften und einfache Sätze formulieren.

Vorbereitung

▶ Bereiten Sie aus Tonpapier kleine Bücher vor (falten oder zusammenheften). Pro Buch werden nur einige Seiten benötigt.

Durchführung

▶ Fragen Sie das Kind nach dem Thema für das Buch. Helfen Sie ihm, passende Bilder auszusuchen.

▶ Das erste Bild wird auf die erste rechte Buchseite geklebt. Unterstützen Sie das Kind dabei, eine passende Überschrift oder einen kurzen Satz zu dem Bild zu formulieren. Das Kind „schreibt" den Text zu dem Bild. Dabei nutzt es eine Schreibweise, die seinem Entwicklungsstand entspricht – oder Sie schreiben die Worte für das Kind auf.

▶ Suchen Sie gemeinsam mit dem Kind ein Stück Stoff oder Papier aus. Schneiden Sie es so zurecht, dass es das Bild abdeckt. Zeigen Sie dem Kind, wie man es am oberen Bildrand festklebt, sodass eine Klappe entsteht.

▶ Bearbeiten Sie so Seite für Seite, bis das Buch fertig ist.

▶ Helfen Sie dem Kind dabei, einen Titel zu finden, und schreiben Sie ihn auf die Vorderseite. Lesen Sie gemeinsam mit dem Kind das Buch Seite für Seite durch. „Lesen" Sie dabei zunächst den Text. Dann darf das Kind nachschauen, welche „Überraschung" sich unter der entsprechenden Klappe verbirgt. Auf diese Weise erkennt das Kind, dass zwischen Bildern und Text ein Zusammenhang besteht. Es wird viel Spaß daran haben, immer wieder die Bilder unter den Klappen zu „entdecken" – auch wenn es sie schon oft gesehen hat.

Vertiefung

▶ Regen Sie die Kinder dazu an, die Bücher zu zweit oder zu dritt anzuschauen.

▶ Ermöglichen Sie den Eltern, die Bücher ihrer Kinder anzuschauen (zum Beispiel wenn sie ihre Kinder abholen).

Variationen

▶ Die Kinder dürfen ihre Bücher mit nach Hause nehmen.

→ Tonpapier
→ Scheren
→ Filzstifte
→ Klebestift
→ Fotos oder Abbildungen aus Zeitschriften oder Katalogen
→ bunte Stoffreste und anderes Restmaterial (Tapete, Glanzpapier usw.)

! Beim Umgang mit Scheren ist besondere Sorgfalt geboten.

Bilderbücher

Lernerfahrungen
▶ Eine einfache Geschichte erfinden.
▶ Büchern mit Interesse begegnen.

Vorbereitung
▶ Um Interesse zu wecken, braucht ein Buch nicht unbedingt Text zu enthalten. Eine Reihe von Bildern, die eine Geschichte erzählen, kann durchaus genügen.

Durchführung
▶ Erklären Sie den Kindern das Vorhaben: ein Buch ohne Worte gestalten. Die Geschichte soll in Bildern erzählt werden.
▶ Mit Ihrer Hilfe denken die Kinder sich eine Geschichte aus. Jedes Kind malt ein Bild zu einem bestimmten Ereignis in der Geschichte. Die Bilder werden dann in der entsprechenden Reihenfolge auf die Buchseiten geklebt. Wenn die Geschichte vollständig ist, werden die Buchseiten mit Buchringen zusammengefasst. Anschließend wird der Buchumschlag gestaltet.
▶ Die Kinder blättern das Buch durch und erzählen dabei die Geschichte.

Vertiefung
▶ Versuchen Sie, Bilderbücher ohne Text in der örtlichen Bücherei auszuleihen.
▶ Ermuntern Sie die Kinder, ihre Bildgeschichte anderen Kindern, Erwachsenen, Besuchern und ihren Eltern zu zeigen und zu erzählen.
▶ Erstellen Sie ein Buch über eine bestimmte Aktivität (Kochen, Rollenspiel und Ähnliches). Verwenden Sie Fotos, die Sie während der Aktivität von den Kindern aufgenommen haben.

Ähnliche Aktivitäten
▶ In welcher Reihenfolge? (siehe S. 107)

➡ Fotokarton oder Tonpapier
➡ Scheren
➡ Malstifte
➡ Buchringe
➡ Locher

❗ Beim Umgang mit Scheren ist besondere Sorgfalt geboten.

Sprache und Verständigung

Ein Buch drucken

Lernerfahrungen

▶ Einen Computer nutzen, um ein Buch zu drucken.

Durchführung

▶ Denken Sie sich zunächst gemeinsam mit den Kindern den Inhalt des Buches aus. Er sollte einfach gehalten sein und aktuelle Lerninhalte aufgreifen (Farben, Wochentage, Zahlen usw.).

▶ Beispiel:
Am Montag malen wir.
Am Dienstag gehen wir spazieren.
Am Mittwoch spielen wir im Sandkasten.
Am Donnerstag backen wir Kekse.
Am Freitag lesen wir Geschichten.
Am Samstag schlafen wir lange.
Am Sonntag freuen wir uns auf Montag.

▶ Schreiben Sie pro Seite einen Satz. Wählen Sie eine große Schrift, damit die Kinder bekannte Buchstaben wiedererkennen können.

▶ Schreiben Sie die Umschlagseite mit dem Titel und den Namen der Kinder als Autoren.

▶ Drucken Sie die Buchseiten aus und fassen Sie sie mit Buchringen oder Heftstreifen zusammen. Die Kinder malen anschließend auf separatem Papier Bilder zum Text. Die Bilder werden ausgeschnitten und auf die entsprechenden Seiten geklebt.

→ Computer
→ Textverarbeitungs-programm
→ Mal- und Zeichen-programm
→ Drucker
→ Papier

Vertiefung

▶ Mehrere Kleingruppen erstellen auf dieselbe Weise Bücher mit unterschiedlichen Themen, die sich auf aktuelle Lerninhalte beziehen.

▶ Bewahren Sie die Bücher zugänglich auf, damit die Kinder sie betrachten können.

Variationen

▶ Die Kinder dürfen die Bücher ausleihen und nach Hause mitnehmen.

Einfache Pop-up-Bücher

Lernerfahrungen

▶ Erkennen, dass Geschichten von Personen/Figuren handeln.
▶ Mit Worten und einfachen Texten experimentieren.

Vorbereitung

▶ Bereiten Sie für jedes Kind ein Pop-Up-Buch vor. Falten Sie ein Blatt Papier in der Mitte. Knicken Sie am Falz eine Ecke nach innen (Eselsohr). Falten Sie das Eselsohr wieder auf und knicken Sie es zur anderen Seite. Falten Sie das Blatt auseinander. Die Falze vom ‚Eselsohr' ergeben ein Dreieck. Biegen Sie das Dreieck nach innen und falten Sie dabei das Blatt Papier zusammen (siehe Abbildung).
▶ Wenn Sie das Blatt öffnen, faltet sich das Dreieck auf.

Durchführung

▶ Die Kinder denken sich eine Person oder Figur aus, die in einer Geschichte vorkommen könnte. Diese Figur malen sie auf ein kleines Blatt Papier. Sprechen Sie mit den Kindern darüber, wer ihre Figuren sind – ist es jemand, den sie kennen? Kennen sie die Figur bereits aus einer Geschichte? Haben sie die Figur selbst erfunden?
▶ Falten Sie die Figuren in Längsrichtung (zur Hälfte), mit der Blanko-Rückseite des Papiers nach innen. Schneiden Sie die Figuren aus. Falls sie sehr klein oder kompliziert geraten sind, kann man ein Oval oder ein Rechteck um die Figuren zeichnen und ausschneiden.
▶ Falten Sie die Papierbögen auf und kleben Sie die Figuren auf die Dreiecke. Die Mittelfalze der Figuren und der Dreiecke sollten passgenau aufeinanderliegen. Die bemalte Seite der Figuren zeigt dabei nach oben. Wenn Sie das Blatt zuklappen, sollte die Figur sich nach innen einfalten, wenn Sie das Blatt öffnen, sollte die Figur aufklappen.
▶ Die Kinder denken sich nun einen einfachen Text zu ihrer Figur aus. Sie können die Worte anstelle der Kinder aufschreiben, oder die Kinder „schreiben" selbst entsprechend ihrem jeweiligen Entwicklungsstand.
▶ Kleben Sie die Blätter Seite an Seite aneinander und gestalten Sie eine Umschlagseite.

Vertiefung

▶ Beim ersten Versuch mag es schwerfallen, die einzelnen Figuren in einer sinnvollen Geschichte unterzubringen. Wenn die Kinder mit der Pop-up-Technik besser vertraut sind, können Sie zunächst eine Geschichte erfinden, zu der die Kinder dann entsprechende Charaktere malen.

Papier
Bleistifte
Filzstifte
Scheren
Klebestifte
Fotokarton

! Beim Umgang mit Scheren ist besondere Sorgfalt geboten.

Leporellos

Lernerfahrungen

▶ Lese- und Schreibfähigkeit in alle Lernbereiche einbeziehen.
▶ Ein Leporello gestalten.

Vorbereitung

▶ Falten Sie einen Streifen Fotokarton zu einer Ziehharmonika. Die Anzahl der „Buchseiten" hängt von der Länge des Fotokartons ab.

Durchführung

▶ Besprechen Sie mit den Kindern die Besonderheiten eines Leporellos: Es kann aufgefaltet zum Beispiel auf einem Regal stehen. Es hat auf beiden Seiten Bilder und/oder Text.
▶ Planen Sie den Inhalt des Buches, zum Beispiel Zahlen, Farben, Haustiere, Familie usw.
▶ Ein Ende des Leporellos wird zur Titelseite.
▶ Die Kinder malen, zeichnen und schneiden Bilder aus, die auf die Buchseiten geklebt werden. Zu den Bildern überlegen sie sich Texte. Nummerieren Sie die Seiten durch. Wenn Sie am Ende des Kartonstreifens angekommen sind, drehen Sie ihn um und setzen die Nummerierung fort. Lassen Sie dabei die Titelseite aus.
▶ Formulieren Sie gemeinsam einen Titel, den Sie auf die Titelseite schreiben. Schreiben Sie die Namen der Kinder als Autoren dazu.
▶ Lesen Sie das Buch gemeinsam durch. Stellen Sie das Leporello zum Abschluss an gut sichtbarer Stelle auf.

Vertiefung

▶ Helfen Sie den Kindern dabei, eigene Leporellos zu gestalten, die persönliche Erlebnisse aufgreifen.
▶ Unterstützen Sie die Schreibversuche der Kinder gemäß ihrem Entwicklungsstand.

→ Fotokarton
→ Filzstifte
→ Klebstoff
→ Scheren
→ alte Zeitschriften oder Kataloge

❗ Beim Umgang mit Scheren ist besondere Sorgfalt geboten.

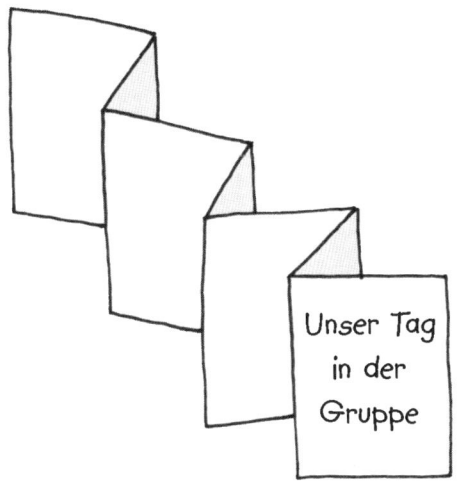

Unser Tag in der Gruppe

„Spazierbücher"

Lernerfahrungen

▶ Gemeinsam eine Geschichte erfinden.

▶ Den Aufbau einer Geschichte kennenlernen.

Vorbereitung

▶ Bereiten Sie für jedes Kind ein einfaches Buch mit drei oder vier Seiten vor. Sprechen Sie zunächst mit der ganzen Gruppe über die Aktivität: ein Buch gestalten, in dem die Kinder „spazieren gehen" können. Arbeiten Sie danach mit einzelnen Kindern.

Durchführung

▶ Zunächst malt das Kind ein Bild von sich selbst auf ein kleines Stück Fotokarton. Kleben Sie dann ein Ende des Geschenkbandes an die Bildkarte.

▶ Denken Sie sich gemeinsam mit dem Kind eine einfache Geschichte über einen Spaziergang aus. Es kann ein Gang zum Einkaufen oder zum Spielplatz sein. Das Kind versucht, für jede Seite einen passenden Satz zu finden. Während Sie den Satz für das Kind aufschreiben, schaut es zu. Helfen Sie dem Kind dabei, zu jedem Satz ein Bild zu malen.

▶ Gestalten Sie gemeinsam die vordere Umschlagseite. Denken Sie sich einen Titel für die Geschichte aus und schreiben Sie den Namen des Kindes dazu.

▶ Fertigen Sie aus Tonpapier eine kleine Tasche für die Bildkarte an. Kleben Sie sie auf die Vorderseite des Buches. Fixieren Sie das freie Ende des Geschenkbandes mit Klebeband in der Innenseite der Tasche. Stecken Sie das Bild hinein.

▶ Wenn das Kind sein Buch „lesen" möchte, kann es sein Bild aus der Tasche nehmen und damit Seite für Seite durch die Geschichte „spazieren".

Vertiefung

▶ Kinder, die in ihrer Entwicklung fortgeschritten sind, können solche Bücher auch weitgehend selbstständig anfertigen. Stellen Sie ihnen DIN-A4-Blätter zur Verfügung und helfen Sie ihnen, die Seiten zusammenzufassen.

▶ Bewahren Sie alle Bücher zugänglich auf.

→ Tonpapier
→ Locher
→ Filzstifte
→ Papier
→ Scheren
→ Klebstoff
→ Klebeband
→ Bleistifte
→ Buntstifte
→ Geschenkband

! Beim Umgang mit Scheren ist besondere Sorgfalt geboten.

Über Bücher sprechen

Lernerfahrungen

▶ Wortschatz erweitern (hier: Begriffe, die sich auf Bücher beziehen).

Vorbereitung

▶ Besprechen Sie mit den Kinder die Aktivität: ein Buch zu einem bestimmten Thema gestalten (zum Beispiel *Wir gehen einkaufen*.).

Durchführung

▶ Besprechen Sie mit den Kindern, woraus ein Buch besteht und was zu einem Buch dazugehört. Ziel ist es, den Wortschatz der Kinder zu erweitern. Zu Begriffen, die sich auf Bücher beziehen, gehören Wörter wie

  ▷ *Umschlag*
  ▷ *Buchtitel*
  ▷ *Autor*
  ▷ *Illustrator*
  ▷ *Seiten*
  ▷ *Vorderseite*
  ▷ *Rückseite*
  ▷ *Wörter*
  ▷ *Buchstaben*
  ▷ *Bilder*
  ▷ *Seitenzahlen*

▶ Entscheiden Sie, wie viele Seiten das Buch enthalten soll. Fügen Sie Vorder- und Rückseite hinzu. Fassen Sie die Umschlagseiten und die Buchseiten zusammen.

▶ Jede Gruppe zeichnet Bilder und formuliert Texte für zwei Buchseiten. Verwenden Sie dabei so oft wie möglich sachgerechte Begriffe.

▶ Wenn die Buchseiten fertiggestellt sind, kommen die Arbeitsgruppen zusammen. Finden Sie einen Titel für das Buch. Besprechen Sie, wo die Namen der Autoren erscheinen sollen. Die Kinder schauen Ihnen zu, während Sie die Umschlagseite beschriften.

▶ Versehen Sie die Buchseiten mit Seitenzahlen.

▶ Gehen Sie das Buch gemeinsam mit den Kindern durch. Achten Sie auf die Verwendung sachgerechter Wörter.

Vertiefung

▶ Verwenden Sie während der Arbeit mit Büchern relevante Begriffe. Achten Sie darauf, dass auch die Kinder Wörter benutzen, die sich auf Bücher beziehen.

Ähnliche Aktivitäten

▶ Rund ums Buch (siehe S. 90)

Material
→ viele Bücher
→ Papier und Fotokarton im Format DIN-A4
→ Buchringe/Heftstreifen
→ Locher
→ Stifte

Sprache und Verständigung

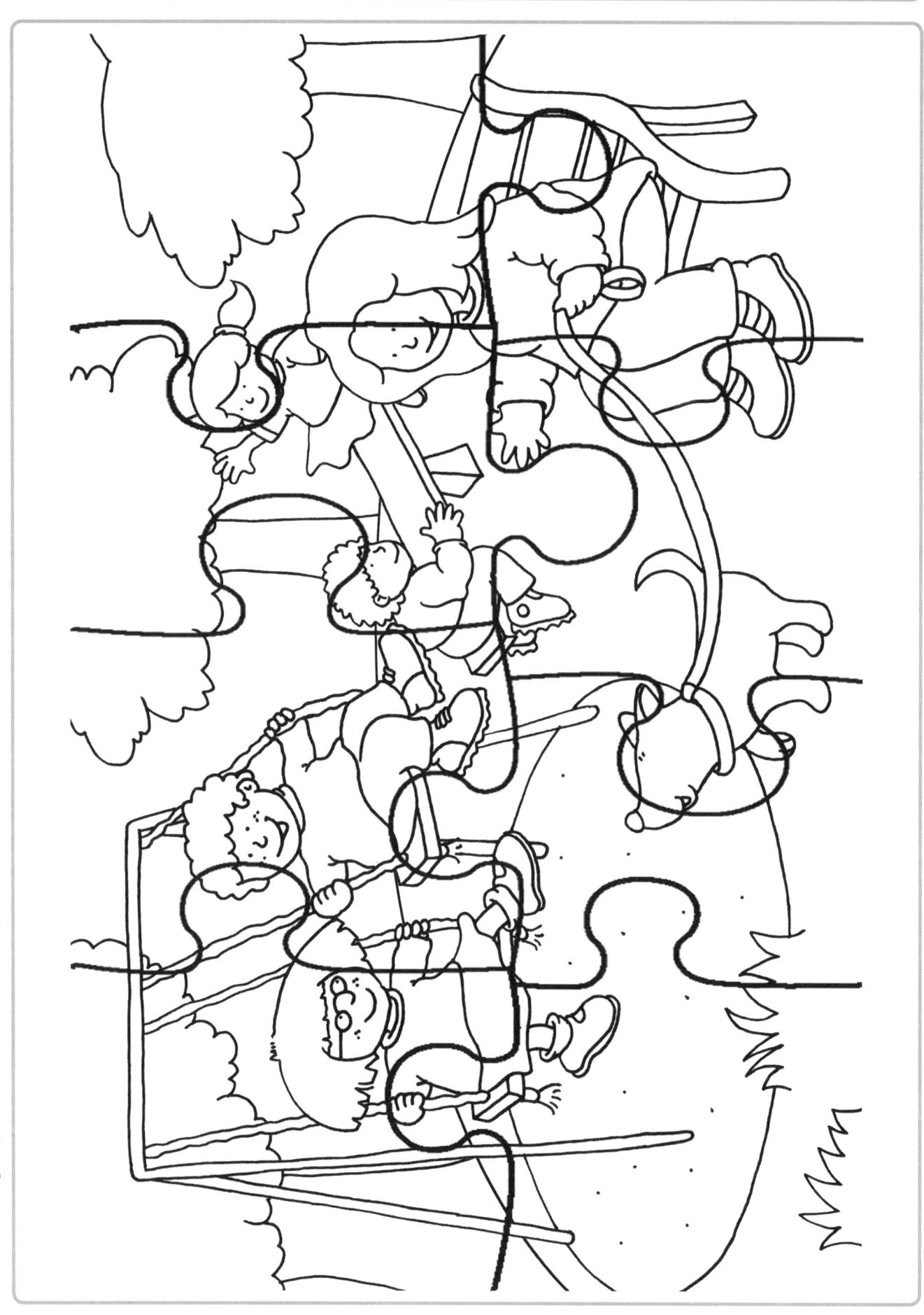

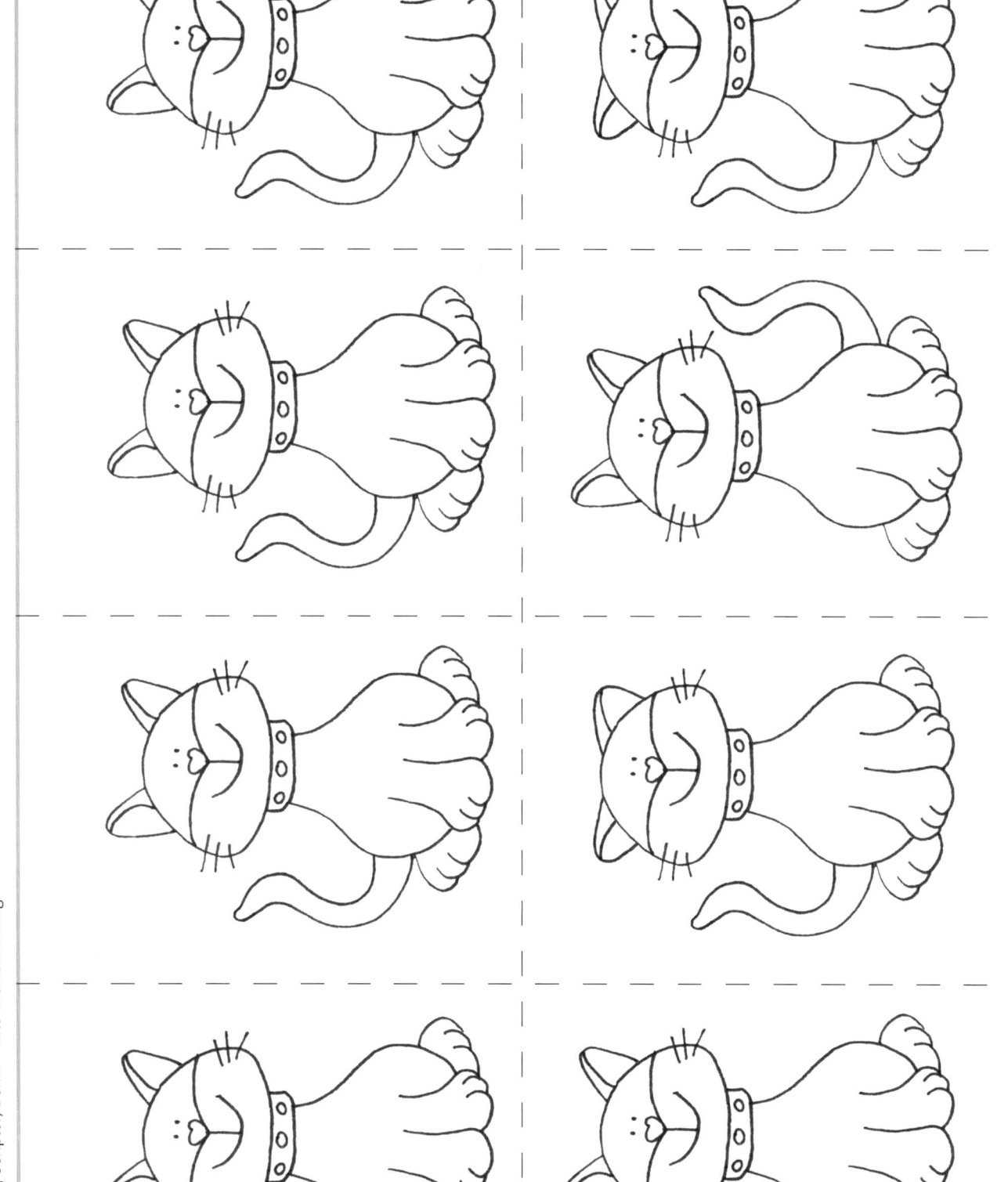

Sprache und Verständigung

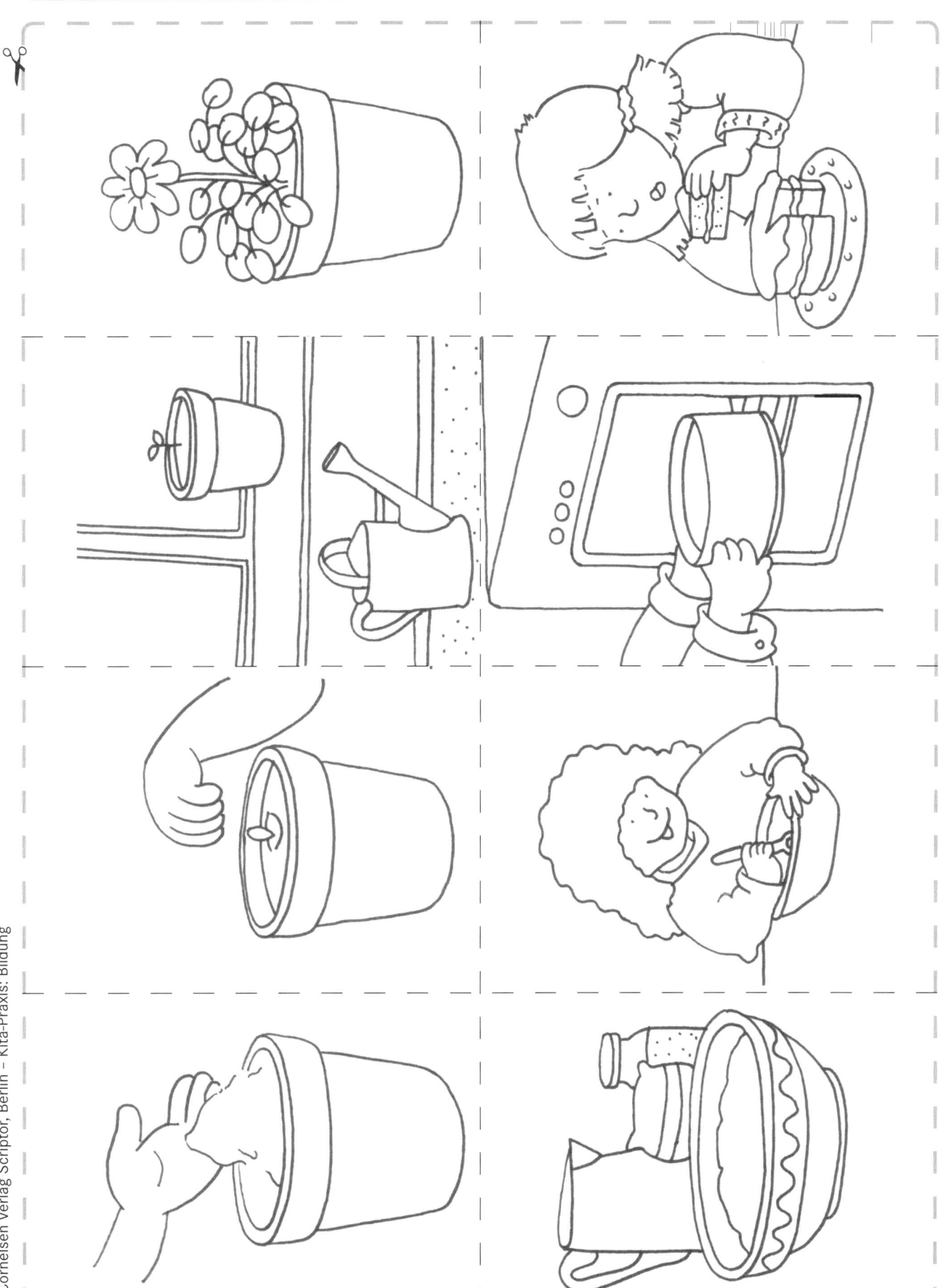

Die folgenden Reime können auch für Finger- oder Bewegungsspiele eingesetzt werden.

Die Wassermänner
(nach der Melodie von Zehn kleine Negerlein)

Zehn kleine Wassermänner
schwimmen durch den See.
Der Kleinste taucht bis auf den Grund
und kitzelt dich am Zeh.

Zehn kleine Wassermänner
schwimmen ganz allein.
Da kommt die schöne Wasserfee
und kitzelt dich am Bein.

Zehn kleinen Wassermännern
ist es viel zu warm.
Sie springen aus dem Wasser raus
und kitzeln dich am Arm.

Zippel, zappel, Fingerlein
Zippel, zappel, Fingerlein,
wollen gar nicht stille sein,
zappeln hin und zappeln her,
und geben keine Ruhe mehr.
Fingerlein, jetzt aber still,
weil ich euch was sagen will:
noch mal hin, noch mal her,
doch jetzt gibt's kein Gezappel mehr!

Gerade und schief
Das ist gerade, das ist schief,
das ist hoch und das ist tief,
das ist dunkel, das ist hell,
das ist langsam, das ist schnell.

Kommt ein Mann die Treppe rauf
Kommt ein Mann die Treppe rauf,	*(am Arm hochlaufen)*
macht klingelingeling,	*(am Ohr zupfen)*
klopft an:	*(leicht! gegen die Stirn „klopfen")*
„Guten Tag, Herr/Frau Nasemann."	*(an der Nase stupsen)*

Das ist der Daumen,
Das ist der Daumen,	*(Daumen)*
der schüttelt die Pflaumen,	*(Zeigefinger)*
der liest sie auf,	*(Mittelfinger)*
der trägt sie nach Haus,	*(Ringfinger)*
und da, der ganz Kleine,	*(kleiner Finger)*
der isst sie alle alleine.	

Die Finger der Hand

Daumen, bück dich,
Zeiger, streck dich,
Mittler, neig dich,
Goldner, lupf dich,
Kleiner, duck dich!

Die großen Elefanten

Was müssen das für Bäume sein,
wo die großen Elefanten spazieren geh'n,
ohne sich zu stoßen?
Rechts sind Bäume, links sind Bäume,
und dazwischen Zwischenräume,
wo die großen Elefanten spazieren geh'n,
ohne sich zu stoßen!

Himpelchen und Pimpelchen

Himpelchen und Pimpelchen
stiegen auf einen Berg.
Himpelchen war ein Heinzelmann
und Pimpelchen ein Zwerg.
Sie blieben lange da oben sitzen
und wackelten mit den Zipfelmützen.
Doch nach fünfundzwanzig Wochen
sind sie in den Berg gekrochen,
schnarchen da in guter Ruh.
Seid mal still und hört ihnen zu!
Krr - krr - krr.

Witzige Sätze: Zungenbrecher für Kleine

Der Frosterfrosch frostet im Froschfroster,
frostet der Frosterfrosch im Froschfroster?
Im Froschfroster frostet der Frosterfrosch.

Gudrun das Truthuhn tut gut ruhn,
gut ruhn tut Gudrun das Truthuhn.

Der dicke Dachdecker
deckt dir dein Dach,
drum dank dem dicken Dachdecker,
dass der dicke Dachdecker
dir dein Dach deckt.

Wenn Fliegen hinter Fliegen fliegen ,
fliegen Fliegen Fliegen nach!
Fliegen fliegen Fliegen nach,
wenn Fliegen hinter Fliegen fliegen!

Schnecken erschrecken,
wenn Schnecken an Schnecken schlecken,
weil zum Schrecken vieler Schnecken,
Schnecken nicht schmecken.

Der Grabengräber gräbt die Gräben.
Der Grubengräber gräbt die Gruben.
Graben Grabengräber Gruben?
Graben Grubengräber Gräben?
Nein!
Grabengräber graben Gräben.
Grubengräber graben Gruben.

Braumeister Bauer braut braunes Bier.
Braunes Bier braut Braumeister Bauer.

Flotte flinke Fellflicker flicken flink feine Felle.

Zwei zottelige, zeckenverseuchte Zwergziegen
zogen zick zack zehn Zentner Zwetschgen zum Zoo
Zürich.

Wenn Rumkugeln um Rumkugeln rumkugeln,
kugeln Rumkugeln um Rumkugeln herum.

Hinter Hennes Hannes Haus
hingen hundert Hemden raus.
Hundert Hemden hingen raus,
hinter Hennes Hannes Haus.

Der froschforschende Froschforscher
forscht in der froschforschenden Froschforschung.

Goldlöckchen und die drei Bären

Goldlöckchen ging eines Tages im Wald spazieren. Da kam sie zu einem kleinen Häuschen. Sie öffnete die Tür und ging hinein. In der Küche standen drei Schüsseln mit Haferbrei auf dem Tisch.

Goldlöckchen probierte den Brei in der größten Schüssel. Er war zu heiß.

Sie probierte den Brei in der mittleren Schüssel. Er war zu kalt.

Sie probierte den Brei in der kleinsten Schüssel. Er war genau richtig. Also aß sie die ganze Schüssel leer.

Im Wohnzimmer standen drei Stühle.

Goldlöckchen setzte sich auf den größten Stuhl. Er war zu hart.

Sie setzte sich auf den mittleren Stuhl. Er war zu weich.

Sie setzte sich auf den kleinsten Stuhl. Er war genau richtig. Also machte Goldlöckchen es sich in dem Stuhl bequem. Aber sie war viel zu schwer für den kleinen Stuhl, und er brach entzwei.

Goldlöckchen ging die Treppe hinauf. Im Schlafzimmer standen drei Betten.

Sie legte sich auf das größte Bett. Es war zu hoch.

Sie legte sich auf das mittlere Bett. Es war zu niedrig.

Sie legte sich auf das kleinste Bett. Es war genau richtig. Also machte Goldlöckchen es sich bequem und schlief ein.

Die drei Bären, die in dem Häuschen wohnten, kamen nach Hause. Sie merkten sofort, dass etwas nicht stimmte.

„Wer hat von meinem Haferbrei gegessen?", grollte Vater Bär.
„Wer hat von meinem Haferbrei gegessen?", knurrte Mutter Bär.
„Wer hat meinen Haferbrei gegessen?", rief der kleine Bär.
„Alles haben sie aufgegessen!"

Sie gingen ins Wohnzimmer.

„Wer hat auf meinem Stuhl gesessen?", grollte Vater Bär.
„Wer hat auf meinem Stuhl gesessen?", knurrte Mutter Bär.
„Wer hat auf meinem Stuhl gesessen?", rief der kleine Bär.
„Sie haben ihn entzweigebrochen!"

Sie gingen hinauf ins Schlafzimmer.
„Wer hat in meinem Bett gelegen?", grollte Vater Bär.
„Wer hat in meinem Bett gelegen?", knurrte Mutter Bär.
„Wer hat in meinem Bett gelegen?", rief der kleine Bär.

„Und sie liegt immer noch drin!"

Da wachte Goldlöckchen auf. Sie rannte die Treppe hinunter, aus dem Haus und in den Wald – bevor die drei Bären sie einholen konnten!

Die drei kleinen Schweinchen

Es waren einmal drei kleine Schweinchen, die machten sich auf eine lange Wanderung in die große, weite Welt.

Sie trafen einen Bauern, der einen großen Strohballen trug. Das erste Schweinchen sagte: „Damit kann ich mir ein Haus bauen." Also kaufte das Schweinchen das Stroh und baute ein Haus.

Die anderen Schweinchen gingen weiter. Sie trafen einen Holzfäller, der ein großes Bündel Holz trug. Das zweite Schweinchen sagte: „Damit kann ich ein Haus bauen." Also kaufte es das Holz und baute ein Haus.

Das dritte Schweinchen ging weiter. Es traf einen Maurer, der einen Schubkarren voller Ziegelsteine schob. Es sagte: „Damit kann ich ein Haus bauen." Also kaufte es die Ziegelsteine und baute ein Haus.

Eines Nachts, als das erste Schweinchen in seinem Haus aus Stroh schlief, kam ein Wolf vorbei. Der Wolf rief: „Liebes kleines Schwein, lass mich in dein Haus hinein!" Aber das kleine Schweinchen antwortete: „Nein, nein, ich bin allein und lasse dich nicht ins Haus hinein!" Da sagte der Wolf: „Dann will ich eben husten und prusten und dein Haus zusammenpusten!" Und er pustete das ganze Haus um.

Das erste Schweinchen lief zu dem zweiten Schweinchen, das ein Haus aus Holz hatte. In der nächsten Nacht, als die beiden Schweinchen in dem Holzhaus schliefen, kam der Wolf vorbei. Der Wolf rief: „Liebes kleines Schwein, lass mich in dein Haus hinein!"

Aber die kleinen Schweinchen antworteten: „Nein, nein, ich bin allein und lasse dich nicht ins Haus hinein!"

Da sagte der Wolf: „Dann will ich eben husten und prusten und dein Haus zusammenpusten!" Und er pustete das ganze Haus um.

Die kleinen Schweinchen liefen zu dem dritten Schweinchen, das ein Haus aus Ziegelsteinen hatte. In der nächsten Nacht, als die drei kleinen Schweinchen in dem Steinhaus schliefen, kam der Wolf vorbei. Der Wolf rief: „Liebes kleines Schwein, lass mich in dein Haus hinein!"

Aber die kleinen Schweinchen antworteten: „Nein, nein, ich bin allein und lasse dich nicht ins Haus hinein!"

Da sagte der Wolf: „Dann will ich eben husten und prusten und dein Haus zusammenpusten!" Und er hustete und prustete und pustete, aber konnte das Haus nicht umpusten.

Da wurde der Wolf so wütend, dass er sagte: „Wenn ihr mich nicht einlasst, dann komme ich eben durch den Schornstein!"

Aber das dritte Schweinchen war viel schlauer als der Wolf. Es stellte schnell einen großen Topf mit Wasser auf das Feuer. Als der Wolf durch den Schornstein kam, fiel er – platsch! – mitten in den Topf, und das war sein Ende!

Der dicke fette Pfannkuchen

Es waren einmal drei alte Schwestern, die wollten gerne Pfannkuchen essen. Da nahmen sie eine Schüssel, taten Mehl, Milch und Eier hinein, holten einen Holzlöffel und fingen an, den Teig zu rühren. Als sie mit dem Rühren fertig waren, stellten sie eine große Pfanne aufs Feuer, taten Fett hinein, und als es so richtig brutzelte, gossen sie auch den Teig dazu.

Da begann der Kuchen zu wachsen und zu wachsen und ging auf, so dick und behäbig, dass es eine Freude war, ihm zuzusehen.

Die drei alten Schwestern konnten es kaum erwarten. Gleich drehen wir ihn um, sagten sie. Seht nur, wie dick und vergnüglich er daliegt.

Als der Pfannkuchen das hörte, erschrak er, drehte sich plötzlich um und wollte aus der Pfanne. Aber er fiel nur auf die andere Seite, und als diese auch ein wenig gebacken war, sodass sie fester wurde und Form bekam, sprang er hinaus auf den Fußboden und rollte davon wie ein Rad zur Tür hinaus und kantapper kantapper die Straße entlang.

„Hoppla!", riefen die drei alten Schwestern und liefen hinter ihm her. Und die eine hatte noch die Pfanne in der einen und den Kochlöffel in der anderen Hand.

„Hoppla! Willst du warten! Halt! Packt ihn, fasst ihn!", schrien sie durcheinander und rannten so schnell sie konnten.

Aber der Pfannkuchen war schneller als sie und rollte kantapper kantapper aus dem Städtchen hinaus.

Als er eine Weile gerollt war, traf er einen Knecht.

„Guten Tag, Pfannkuchen!", sagte der Knecht.

„Guten Tag, Knecht Recht!", sagte der Pfannkuchen.

„Lieber, guter Pfannkuchen, warte ein Weilchen, ich will dich aufessen!", sagte der Knecht.

„Das möchtest du wohl!", rief der Pfannkuchen. „Aber ich bin schon drei alten Schwestern weggelaufen, und da sollst du mich auch nicht kriegen!", und rollte kantapper kantapper den Weg entlang.

Es dauerte nicht lange, da kam eine Kuh über die Wiese.

„Guten Tag, Pfannkuchen!", sagte die Kuh.

„Guten Tag, Kuh Muh!", sagte der Pfannkuchen.

„Du hast es ja ganz schön eilig", sagte die Kuh. „Warte ein wenig, dass ich dich fressen kann!"

„Ein andermal!", rief der Pfannkuchen. „Ich bin schon drei alten Schwestern weggelaufen und Knecht Recht, und da sollst du mich auch nicht kriegen!", und rollte kantapper kantapper in den Wald hinein.

Nach einer Weile traf er einen Gockel.

„Guten Tag, Pfannkuchen!", sagte der Gockel.

„Guten Tag, Gockel Jockel!", sagte der Pfannkuchen.

„Was läufst du denn so schnell?", fragte der Gockel. „Bleib stehen, dass ich mir einen großen Happen picken kann!"

„Hab keine Zeit, muss weiter!", rief der Pfannkuchen. „Ich bin schon drei alten Schwestern weggelaufen, Knecht Recht und Kuh Muh, und da sollst du mich auch nicht kriegen!", und rollte kantapper kantapper über die Wiese davon.

Nicht lange danach begegnete ihm eine Maus.

„Guten Tag, Pfannkuchen!", quiekte die Maus.

„Guten Tag, Maus Raus!", sagte der Pfannkuchen.

„Wo willst du denn hin so schnell?", sagte die Maus. „Warte ein Weilchen, dass ich an dir knabbern kann!"

„Ich werde mich schön hüten!", rief der Pfannkuchen. „Ich bin schon drei alten Schwestern weggelaufen, Knecht Recht, Kuh Muh und Gockel Jockel, und da sollst du mich auch nicht kriegen!", und rollte kantapper kantapper am Feld entlang.

Da kam ein Hase gelaufen.

„Guten Tag, Pfannkuchen!", sagte der Hase.

„Guten Tag, Hase Nase!", sagte der Pfannkuchen.

„Du hast es ja gar zu eilig", sagte der Hase. „Sei so gut und bleib stehen, dass ich dich fressen kann!"

„Im nächsten Jahr vielleicht!", rief der Pfannkuchen. „Ich bin schon drei alten Schwestern weggelaufen, Knecht Recht, Kuh Muh, Gockel Jockel und Maus Raus, und da sollst du mich auch nicht kriegen!", und rollte kantapper kantapper davon.

Schließlich gelangte er an einen Fluss. Nirgends gab es eine Brücke. Wie sollte er da hinübergelangen?

„Nöff, nöff!", sagte es plötzlich neben ihm, und ein Schwein kam aus dem Gebüsch hervor.

„Guten Tag, Pfannkuchen!", grunzte das Schwein.

„Guten Tag, Schwein Rein!", sagte der Pfannkuchen. „Willst du mich auch fressen?"

„Aber nein!", sagte das Schwein, stieg gemütlich ins Wasser und schwamm von selbst mit seinem Speck.

„Nöff, nöff!", grunzte das Schwein. „Setz dich auf meinen Rüssel, so will ich dich hinübertragen."

Das tat der Pfannkuchen. Und wie sie in der Mitte des Flusses angelangt waren, da roch der Pfannkuchen so köstlich.

„Nöff, nöff!", sagte das Schwein und wollte den Pfannkuchen in einem Japps hinunterschlucken. Der aber machte einen Riesensatz, kam gerade noch heil am Ufer an und rollte hastenichtgesehen kantapper kantapper in den Wald hinein.

Und er rollte und rollte über Stock und Stein, über Wiesen und Felder, zuletzt rollte er mit der Sonne um die Wette. Da war es Abend geworden.

Drei Kinder saßen am Wegrand, die hatten keinen Vater und keine Mutter mehr und waren den ganzen Tag umhergeirrt. Sie saßen da, so still und blass und weinten wohl auch ein wenig, denn gegessen hatten sie schon lange nichts mehr.

Als sie den dicken fetten Pfannkuchen sahen, sprangen sie auf und streckten bittend ihre Arme nach ihm aus.

„Ach, lieber, guter Pfannkuchen, bleib doch ein wenig stehen. Wir haben Hunger, alle drei!", rief das älteste.

„Ach, lieber, guter Pfannkuchen, lass uns ein bisschen probieren!", rief das zweite.

„Ach, lieber, guter Pfannkuchen, ich ...", mehr konnte das kleinste nicht sagen, so hungrig und matt war es.

Da sprang der dicke, fette, schöne, süße, liebe, gute Pfannkuchen den Kindern in den Korb und ließ sich von ihnen ratzeputz aufessen.

Tanzlied der Tiere

Text: Lore Kleikamp / Musik: Detlev Jöcker

1. Es will die Maus zum Tanzen gehn, will zur Musik im Takt sich drehn. Und wenn sie einschläft in der Nacht, sie noch im Traum die Schritte macht. Tappe tipp tipp tipp, tappe tipp tipp tipp, tappe tipp tipp tipp und rundherum. Tappe rundherum.

2. Es will die Gans zum Tanzen gehn,
   will zur Musik im Takt sich drehn.
   Und wenn sie einschläft in der Nacht,
   sie noch im Traum die Schritte macht:
       Witschel watsch watsch watsch...

3. Es will die Katz' zum Tanzen gehn,
   will zur Musik im Takt sich drehn.
   Und wenn sie einschläft in der Nacht,
   sie noch im Traum die Schritte macht:
       Schliche schlumm schlumm schlumm...

4. Es will das Pferd zum Tanzen gehn,
   will zur Musik im Takt sich drehn.
   Und wenn es einschläft in der Nacht,
   es noch im Traum die Schritte macht:
       Galopp hopp hopp hopp...

Das Flummilied

Text: Lore Kleikamp / Musik: Detlev Jöcker

Strophe

D · A · D · G · D · A

1. Der Kopf, der ist aus Gum- mi. Er wak- kelt hin und

D · A · D · A · D · G · D · A

her, als ob da- rin kein einz' ger Kno- chen

D · Refrain · G

wär! Wir sind aus wei- chem Gum- mi und

D

tan- zen ei- nen Flum- mi. Das ist der neu- ste

A · D · G · D

Hit. Wir sind aus wei- chem Gum- mi und tan- zen ei- nen

A · D

Flum- mi. Kommt und tanzt al- le mit.

2. Die Arme sind aus Gummi.
Sie pendeln hin und her,
als ob darin kein einz'ger Knochen
wär'.

Refr.: Wir sind aus weichem Gummi...

3. Die Hände sind aus Gummi.
Sie pendeln hin und her...

Refr.: Wir sind aus weichem Gummi...

4. Die Finger...

Refr.: Wir sind aus weichem Gummi...

5. Die Hüften...

Refr.: Wir sind aus weichem Gummi...

6. Die Beine...

Refr.: Wir sind aus weichem Gummi...

7. Die Füße...

Refr.: Wir sind aus weichem Gummi...

Schluss:
Wir sind aus weichem Gummi...
und keiner tanzt mehr mit.

Das Lied von den Gefühlen

Wenn ich glück - lich bin, weißt du was?

Ja, dann hüpf' ich wie ein Laub - frosch durch das Gras.

Sol - che Sa - chen kom - men mir so in den Sinn,

wenn ich glück - lich bin, glück - lich bin,

2. Wenn ich wütend bin, sag ich dir.
   Ja, dann stampf' and brüll ich wie ein wilder Stier.
   Solche Sachen kommen mir so in den Sinn,
   wenn ich wütend bin, wütend bin.

3. Wenn ich albern bin, fällt mir ein
   ja, dann quieck ich manchmal wie ein kleines Schwein.
   Solche Sachen kommen mir so in den Sinn,
   wenn ich albern bin, albern bin.

4. Wenn ich traurig bin, stell dir vor,
   ja, dann heul ich wie ein Hofhund vor dem Tor
   Solche Sachen kommen mir so in den Sinn,
   wenn ich traurig bin, traurig bin.

5. Wenn ich fröhlich bin, hör mal zu,
   ja, dann pfeif' ich wie ein bunter Kakadu.
   Solche Sachen kommen mir so in den Sinn,
   wenn ich fröhlich bin, fröhlich bin.

Begabungen kreativ fördern

Wilfried Berghoff (Hrsg.)
Kita-Praxis: Bildung
Körper und Bewegung:
spielen, improvisieren,
erproben
3 bis 6 Jahre
176 Seiten mit Abb., Paperback
ISBN 978-3-589-22248-3

Wilfried Berghoff (Hrsg.)
Kita-Praxis: Bildung
Soziales Lernen:
ich, du, wir
3 bis 6 Jahre
176 Seiten mit Abb., Paperback
ISBN 978-3-589-22246-9

Wilfried Berghoff (Hrsg.)
Kita-Praxis: Bildung
Kreativität: erfinden,
probieren, gestalten
3 bis 6 Jahre
176 Seiten mit Abb., Paperback
ISBN 978-3-589-22249-0

Wilfried Berghoff (Hrsg.)
Kita-Praxis: Bildung
Mathematik:
zählen, ordnen, messen
3 bis 6 Jahre
136 Seiten mit Abb., Paperback
ISBN 978-3-589-22247-6

Wilfried Berghoff (Hrsg.)
Kita-Praxis: Bildung
Natur und Umwelt:
forschen, untersuchen,
entdecken
3 bis 6 Jahre
200 Seiten mit Abb., Paperback
ISBN 978-3-589-22244-5

Jens-Christian Möller
Kita-Praxis: Fortbildung
Leitfaden für Leiter-/innen
288 Seiten, Paperback
ISBN 978-3-589-24270-2

Fragen Sie bitte in Ihrer Buchhandlung!